ILUMINAÇÕES

—

UMA CERVEJA NO INFERNO

JEAN-ARTHUR RIMBAUD

ILUMINAÇÕES

—

UMA CERVEJA NO INFERNO

TRADUÇÃO DE MÁRIO CESARINY

chão da feira

ILUMINAÇÕES
—
ILLUMINATIONS

APRÈS LE DÉLUGE

Aussitôt que l'idée du Déluge se fut rassise,

Un lièvre s'arrêta dans les sainfoins et les clochettes mouvantes et dit sa prière à l'arc-en-ciel à travers la toile de l'araignée.

Oh! les pierres précieuses qui se cachaient, — les fleurs qui regardaient déjà.

Dans la grande rue sale les étals se dressèrent, et l'on tira les barques vers la mer étagée là-haut comme sur les gravures.

Le sang coula, chez Barbe-Bleue, — aux abattoirs, — dans les cirques, où le sceau de Dieu blêmit les fenêtres. Le sang et le lait coulèrent.

Les castors bâtirent. Les «mazagrans» fumèrent dans les estaminets.

Dans la grande maison de vitres encore ruisselante les enfants en deuil regardèrent les merveilleuses images.

Une porte claqua, — et sur la place du hameau, l'enfant tourna ses bras, compris des girouettes et des coqs des clochers de partout, sous l'éclatante giboulée.

Madame * * * établit un piano dans les Alpes. La messe et les premières communions se célébrèrent aux cent mille autels de la cathédrale.

Les caravanes partirent. Et le Splendide Hôtel fut bati dans le chaos de glaces et de nuit du pôle.

Depuis lors, la Lune entendit les chacals piaulant par les déserts de thym, — et les églogues en sabots grognant dans le verger. Puis, dans la futaie violette, bourgeonnante, Eucharis me dit que c'était le printemps.

— Sourds, étang; — Écume, roule sur le pont et par-dessus les bois; — Draps noirs et orgues, — éclairs et tonnerre, — montez et roulez; — Eaux et tristesses, montez et relevez des Déluges.

DEPOIS DO DILÚVIO

Mal se aquietou a ideia de Dilúvio,

Uma lebre parou entre os sanfenos e as ondulantes campânulas e fez a sua prece ao arco-íris através da teia da aranha.

Oh! as pedras preciosas que se escondiam, — as flores que já olhavam.

Na grande rua suja reapareceram as tendas, e as barcas foram lançadas ao mar, que era em degraus, e em cima, como nas gravuras.

Correu o sangue, nas terras do Barba-Azul, — nos matadouros, — nos circos, onde o selo de Deus enlivedecia as janelas. O sangue e o leite correram.

Os castores construíram. Os mazagrans fumegaram nos estaminés. Na grande casa vidrada ainda rumorejante as crianças de luto olharam as maravilhosas imagens.

Uma porta bateu, e, no centro do povoado, o menino girou os braços, arrebatando os cataventos e os galos de todos os campanários, sob o cintilante aguaceiro.

A Senhora * * * estabeleceu um piano nos Alpes. A missa e as primeiras comunhões foram confiadas aos cem mil altares da catedral.

As caravanas partiram. E o Splendid-Hotel foi construído sobre o caos de gelos e de noite do pólo.

Desde então, a Lua ouviu o uivo dos chacais nos desertos de timo — e as éclogas saloias grunhindo ao vergel. Depois, na grande mata violeta em botão, Eucáris disse-me que era primavera.

— Irrompe, charco; — Escuma, rola sobre a ponte e por cima das árvores; — Velos negros e órgãos — raios e trovão, vinde e rolai; — Águas e tristezas, crescei e restabelecei os Dilúvios.

Car depuis qu'ils se sont dissipés, — oh! les pierres précieuses s'enfouissant, et les fleurs ouvertes! — c'est un ennui! et la Reine, la Sorcière qui allume sa braise dans le pot de terre, ne voudra jamais nous raconter ce qu'elle sait, et que nous ignorons.

Pois, desde que eles se foram, — oh! as pedras preciosas aluindo, e as flores abertas! — é o tédio! e a Rainha, a Feiticeira que esperta o seu lume na frágua de barro, nunca quererá contar-nos o que sabe e nós ignoramos.

ENFANCE

I

Cette idole, yeux noirs et crin jaune, sans parents ni cour, plus noble que la fable, mexicaine et flamande; son domaine, azur et verdure insolents, court sur des plages nommées, par des vagues sans vaisseaux, de noms férocement grecs, slaves, celtiques.

A la lisière de la forêt — les fleurs de rêve tintent, éclatent, éclairent, — la fille à lèvre d'orange, les genoux croisés dans le clair déluge qui sourd des prés, nudité qu'ombrent, traversent et habillent les arcs-en-ciel, la flore, la mer.

Dames qui tournoient sur les terrasses voisines de la mer; enfantes et géantes, superbes noires dans la mousse vert-de-gris, bijoux debout sur le sol gras des bosquets et des jardinets dégelés — jeunes mères et grandes soeurs aux regards pleins de pèlerinages, sultanes, princesses de démarche et de costume tyranniques, petites étrangères et personnes doucement malheureuses.

Quel ennui, l'heure du «cher corps» et «cher coeur»!

II

C'est elle, la petite morte, derrière les rosiers. — La jeune maman trépassée descend le perron. — La calèche du cousin crie sur le sable. — Le petit frère — (il est aux Indes!) là, devant le couchant, sur le pré d'oeillets. — Les vieux qu'on a enterrés tout droits dans le rempart aux giroflées.

L'essaim des feuilles d'or entoure la maison du général. Ils sont dans le midi. — On suit la route rouge pour arriver à l'auberge vide. Le château est à vendre; les persiennes sont détachées. — Le curé aura emporté la clef de l'église. — Autour du parc, les

INFÂNCIA

I

Esta imagem, olhos pretos e crina amarela, sem família e sem corte, mais nobre que a fábula, mexicana e flamenga: seu domínio, azul e verdura insolentes, atravessa praias crismadas, por ondas sem barcos, de nomes ferozmente gregos, eslavos, celtas.

Na orla da floresta — as flores de sonho deflagram, tilintam, iluminam —, a rapariga de lábio de laranja, os joelhos cruzados no claro dilúvio que irrompe dos prados, a nudez sombreada, atravessada, vestida pelos arco-íris, pela flora, pelo mar.

Damas rodopiam nos terraços vizinhos ao mar; infantas e gigantas, negras soberbas na relva verde-prata, jóias erguidas sobre o chão viscoso dos pequenos bosques e jardins degelados, — mães jovens e irmãs maiores, olhos repletos de peregrinagens, sultanas e princesas de porte e de trajo tirânicos, crianças exóticas e pessoas docemente infelizes.

Que tédio, a hora do «amado corpo» e do «querido coração»!

II

É ela, atrás das roseiras, a menina morta. — A jovem mamã falecida desce os degraus da sacada. — A caleche do primo grita sobre a areia. — O irmãozinho — (que está nas Índias!) surge frente ao poente, nos canteiros de cravos. Os velhos sepultados de pé na rampa dos goivos.

O enxame de folhas de oiro cerca a residência do general. Estão no sul. — Segue-se pela estrada vermelha para se chegar à estalagem deserta. O castelo está à venda; as persianas pendem soltas. — O cura deve ter levado a chave da igreja. — Na cintura do parque,

loges des gardes sont inhabitées. Les palissades sont si hautes qu'on ne voit que les cimes bruissantes. D'ailleurs il n'y a rien à voir là-dedans.

Les prés remontent aux hameaux sans coqs, sans enclumes. L'écluse est levée. O les Calvaires et les moulins du désert, les îles et les meules.

Des fleurs magiques bourdonnaient. Les talus le berçaient. Des bêtes d'une élégance fabuleuse circulaient. Les nuées s'amassaient sur la haute mer faite d'une éternité de chaudes larmes.

III

Au bois il y a un oiseau, son chant vous arrête et vous fait rougir.

Il y a une horloge qui ne sonne pas.

Il y a une fondrière avec un nid de bêtes blanches.

Il y a une cathédrale qui descend et un lac qui monte.

Il y a une petite voiture abandonnée dans le taillis, ou qui descend le sentier en courant, enrubannée.

Il y a une troupe de petits comédiens en costumes, aperçus sur la route à travers la lisière du bois.

Il y a enfin, quand l'on a faim et soif, quelqu'un qui vous chasse.

IV

Je suis le saint, en prière sur la terrasse, — comme les bêtes pacifiques paissent jusqu'a la mer de Palestine.

Je suis le savant au fauteuil sombre. Les branches et la pluie se jettent à la croisée de la bibliothèque.

as choças dos guardas estão desertas. As paliçadas são tão altas que só vemos os cimos sussurrantes. De resto, não há nada para se ver, lá dentro.

As terras sobem até lugares sem galos, sem bigornas. A barragem está aberta. Oh os calvários e os moinhos do deserto, as ilhas e as mós.

Flores mágicas zumbiam. Barrancos embalavam-no. Animais de uma elegância fabulosa circulavam. As nuvens amassavam-se sobre o alto mar feito de uma eternidade de lágrimas quentes.

III

No bosque há uma ave, o seu canto detém-vos e faz-vos corar.

Há um relógio que não toca.

Há uma lixeira com um ninho de bichos brancos.

Há uma catedral que desce e um lago que sobe.

Há um carrinho abandonado nas moitas, ou descendo a vereda em correria, engalanado.

Há uma troupe de cómicos, com os seus fatos, visíveis na estrada através da orla do bosque.

Há enfim, quando tens fome e sede, alguém que te enxota.

IV

Sou o santo em oração no terraço, — como pascem os animais pacíficos até ao mar da Palestina.

Sou o sábio no cadeirão sombrio. Os ramos e a chuva batem às janelas da biblioteca.

Je suis le piéton de la grand'route par les bois nains; la rumeur des écluses couvre mes pas. Je vois longtemps la mélancolique lessive d'or du couchant. Je serais bien l'enfant abandonné sur la jetée partie à la haute mer, le petit valet suivant l'allée dont le front touche le ciel.

Les sentiers sont âpres. Les monticules se couvrent de genêts. L'air est immobile. Que les oiseaux et les sources sont loin! Ce ne peut être que la fin du monde, en avançant.

V

Qu'on me loue enfin ce tombeau, blanchi à la chaux avec les lignes du ciment en relief — très loin sous terre.

Je m'accoude à la table, la lampe éclaire très vivement ces journaux que je suis idiot de relire, ces livres sans intérêt. —

A une distance énorme au-dessus de mon salon souterrain, les maisons s'implantent, les brumes s'assemblent. La boue est rouge ou noire. Ville monstrueuse, nuit sans fin!

Moins haut, sont des égouts. Aux côtés, rien que l'épaisseur du globe. Peut-être les gouffres d'azur des puits de feu. C'est peut-être sur ces plans que se rencontrent lunes et comètes, mers et fables.

Aux heures d'amertume je m'imagine des boules de saphir, de métal. Je suis maître du silence. Pourquoi une apparence de soupirail blêmirait-elle au coin de la voûte?

Sou o peão da estrada larga entre os bosques anões; o rumor dos açudes cobre-me os passos. Olho por longo tempo a melancólica lixívia de ouro do poente.

Seria bem a criança abandonada no molhe que partiu para o alto-mar, o pequenino servo calcorreando a álea cuja fronte toca o céu.

Os atalhos estão impraticáveis. Os cabeços, cobertos de giesta. O ar, imóvel. Como estão longe as fontes e os pássaros! Isto só pode ser o fim do mundo, se avanço.

V

Que me aluguem enfim este túmulo branqueado a cal com as linhas do cimento em relevo, — muito longe debaixo da terra.

Finco os cotovelos na mesa, o candeeiro ilumina vivamente estes jornais que só por idiotia releio, estes livros sem interesse.

A enorme distância, por cima do meu salão subterrâneo, implantam-se as casas, reúnem-se as brumas. A lama é vermelha ou negra. Cidade monstruosa, noite sem fim.

Mais em baixo, os esgotos. Dos lados, só a espessura do globo. Talvez abismos de azul, poços de fogo. É talvez nestes planos que se reúnem luas e cometas, mares e fábulas.

Em horas de desânimo imagino globos de safira, de metal. Sou mestre de silêncio. Porque haveria de empalidecer uma aparência de grelha ao canto da abóbada?

CONTE

Un Prince était vexé de ne s'être employé jamais qu'à la perfection des générosités vulgaires. Il prévoyait d'étonnantes révolutions de l'amour, et soupçonnait ses femmes de pouvoir mieux que cette complaisance agrémentée de ciel et de luxe. Il voulait voir la vérité, l'heure du désir et de la satisfaction essentiels. Que ce fût ou non une aberration de piété, il voulut. Il possédait au moins un assez large pouvoir humain.

Toutes les femmes qui l'avaient connu furent assassinées. Quel saccage du jardin de la beauté! Sous le sabre, elles le bénirent. Il n'en commanda point de nouvelles. — Les femmes réapparurent.

Il tua tous ceux qui le suivaient, après la chasse ou les libations. — Tous le suivaient.

Il s'amusa à égorger les bêtes de luxe. Il fit flamber les palais. Il se ruait sur les gens et les taillait en pièces. — La foule, les toits d'or, les belles bêtes existaient encore.

Peut-on s'extasier dans la destruction, se rajeunir par la cruauté! Le peuple ne murmura pas. Personne n'offrit le concours de ses vues.

Un soir il galopait fièrement. Un Génie apparut, d'une beauté ineffable, inavouable même. De sa physionomie et de son maintien ressortait la promesse d'un amour multiple et complexe! d'un bonheur indicible, insupportable même! Le Prince et le Génie s'anéantirent probablement dans la santé essentielle. Comment n'auraient-ils pas pu en mourir? Ensemble donc ils moururent.

Mais ce Prince décéda, dans son palais, à un âge ordinaire. Le prince était le Génie. Le Génie était le Prince.

La musique savante manque à notre désir.

CONTO

Aborrecia-se um príncipe porque apenas se dedicara a aperfeiçoar generosidades vulgares. Do amor, ele esperara espantosas revoluções, e suspeitava que as suas mulheres podiam dar-lhe mais do que uma complacência temperada de céu e de luxo. Aspirava à verdade, à hora do desejo e da satisfação essenciais. Fosse ou não fosse uma aberração piedosa, ele assim o quis. Dispunha, pelo menos, de vasto poder humano.

Todas as mulheres que possuíra foram assassinadas: que estrago no jardim da beleza! Sob o sabre, elas abençoaram-no. Não encomendou outras. — As mulheres reapareceram.

Matou todos os que o seguiam, na caça ou nas libações. — Todos o seguiam.

Divertiu-se a degolar os animais de luxo. Mandou incendiar os palácios. Precipitava-se sobre multidões e cortava-as às postas. — A multidão, os tectos de oiro, os belos animais subsistiam.

Podemos extasiar-nos na destruição, rejuvenescer pela crueldade! O povo não murmurou. Ninguém deu o concurso de uma opinião.

Uma noite, galopava ele altivamente, saiu-lhe ao caminho um Génio de uma beleza inefável, inconfessável, até! Da sua fisionomia e do seu porte irradiava a promessa de um amor múltiplo e complexo! de uma felicidade inexprimível, insuportável, até! O Príncipe e o Génio aniquilaram-se provavelmente na saúde essencial.

Como poderiam ter sobrevivido? Juntos, tiveram de morrer.

Mas o Príncipe morreu no seu palácio, velho de muitos dias. O Príncipe era o Génio. O Génio era o Príncipe.

Falta ao nosso desejo música sábia.

PARADE

Des drôles très solides. Plusieurs ont exploité vos mondes. Sans besoins, et peu pressés de mettre en oeuvre leurs brillantes facultés et leur expérience de vos consciences. Quels hommes mûrs! Des yeux hébétés à la façon de la nuit d'été, rouges et noirs, tricolores, d'acier piqué d'étoiles d'or; des facies déformés, plombés, blêmis, incendiés; des enrouements folâtres! La démarche cruelle des oripeaux! — Il y a quelques jeunes, — comment regarderaient-ils Chérubin? — pourvus de voix effrayantes et de quelques ressources dangereuses. On les envoie prendre du dos en ville, affublés d'un *luxe* dégoûtant.

O le plus violent Paradis de la grimace enragée! Pas de comparaison avec vos Fakirs et les autres bouffonneries scéniques. Dans des costumes improvisés avec le goût du mauvais rêve ils jouent des complaintes, des tragédies de malandrins et de demi-dieux spirituels comme l'histoire ou les religions ne l'ont jamais été. Chinois, Hottentots, bohémiens, niais, hyènes, Molochs, vieilles démences, démons sinistres, ils mêlent les tours populaires, maternels, avec les poses et les tendresses bestiales. Ils interprèteraient des pièces nouvelles et des chansons «bonnes filles». Maîtres jongleurs, ils transforment le lieu et les personnes et usent de la comédie magnétique. Les yeux flambent, le sang chante, les os s'élargissent, les larmes et des filets rouges ruissellent. Leur raillerie ou leur terreur dure une minute, ou des mois entiers.

J'ai seul la clef de cette parade sauvage.

PARADA

Sólidos tunos! Muitos deles exploraram os vossos mundos. Sem necessidades, e sem pressa de pôr à obra as suas brilhantes faculdades e a sua experiência da vossa consciência. Que homens maduros! Olhos vagos como a noite de estio, vermelhos e negros, tricolores, de aço crivado de estrelas de ouro: fácies disformes, chumbadas, enlivecidas, incendiadas: rouquidões brejeiras! O desfile cruel dos ouropéis! — Há alguns jovens — como olhariam eles Querubim? providos de vozes aterradoras e de alguns recursos perigosos. Mandam-nos ao engate, para a cidade, ataviados com um *luxo* repelente.

Oh o mais violento Paraíso da careta raivosa! Nada que se compare com os vossos Fàkirs e outros trasgos cénicos. Em fatos improvisados ao estilo do sonho mau, representam lástimas, tragédias de malandrins e de semideuses espirituais que a história e as religiões nunca foram. Chinas, Hotentotes, ciganos, palermas, hienas, Molochs, velhas demências, demónios sinistros, somam os efeitos fáceis, maternais, a poses e carícias bestiais. Interpretariam peças novas, canções de meninas prendadas. Mestres jograis, transformam o lugar e as almas, e aplicam a comédia magnética. Os olhos flamejam, o sangue canta, os ossos dilatam-se, as lágrimas e os fios vermelhos escorrem. A sua mofa ou o seu terror dura um minuto, ou meses inteiros.

Só eu tenho a chave desta parada selvagem.

ANTIQUE

Gracieux fils de Pan! Autour de ton front couronné de fleurettes et de baies tes yeux, des boules précieuses, remuent. Tachées de lie brune, tes joues se creusent. Tes crocs luisent. Ta poitrine ressemble à une cithare, des tintements circulent dans tes bras blonds. Ton coeur bat dans ce ventre où dort le double sexe. Promène-toi, la nuit, en mouvant doucement cette cuisse, cette seconde cuisse et cette jambe de gauche.

ANTIQUE

Gracioso filho de Pã! Ladeando a tua fronte coroada de bagas e florinhas, os teus olhos, esferas preciosas, movem-se. Duas manchas de esterco cavam-te as faces. Os teus caninos brilham. Teu peito é uma cítara, pelos teus braços loiros correm campainhas. O coração bate-te nesse ventre que abriga, adormecido, o duplo sexo. Passeia-te, de noite, articulando docemente a coxa, essa segunda coxa, e essa perna esquerda.

BEING BEAUTEOUS

Devant une neige un Être de Beauté de haute taille. Des sifflements de mort et des cercles de musique sourde font monter, s'élargir et trembler comme un spectre ce corps adoré; des blessures écarlates et noires éclatent dans les chairs superbes. Les couleurs propres de la vie se foncent, dansent, et se dégagent autour de la Vision, sur le chantier. Et les frissons s'élèvent et grondent et la saveur forcenée de ces effets se chargeant avec les sifflements mortels et les rauques musiques que le monde, loin derrière nous, lance sur notre mère de beauté, — elle recule, elle se dresse. Oh! nos os sont revêtus d'un nouveau corps amoureux.

* * *

O la face cendrée, l'écusson de crin, les bras de cristal! Le canon sur lequel je dois m'abattre à travers la mêlée des arbres et de l'air léger!

BEING BEAUTEOUS

Perante uma neve um Ser de Beleza de grande estatura. Silvos de morte e círculos de música surda sobem, alargam, abalam como um espectro este corpo adorado; feridas escarlates e negras rebentam nas carnes soberbas. As cores próprias da vida escurecem, dançam, soltam-se em torno da Visão, no estaleiro. E os frémitos sobem e rangem, e o ácido sabor destes fenómenos somado aos silvos mortais e às músicas roucas que o mundo, longe atrás de nós, lança sobre a nossa mãe de beleza — ela recua, ela ergue-se! Oh! um novo corpo de amor reveste os nossos ossos.

* * *

Oh o rosto de cinza, o broquel de crina, os braços de cristal! O canhão sobre o qual devo abater-me na peleja das árvores contra o ar macio!

VIES

I

O les énormes avenues du pays saint, les terrasses du temple! Qu'a-t-on fait du brahmane qui m'expliqua les Proverbes? D'alors, de là-bas, je vois encore même les vieilles! Je me souviens des heures d'argent et de soleil vers les fleuves, la main de la campagne sur mon épaule, et de nos caresses debout dans les plaines poivrées. — Un envol de pigeons écarlates tonne autour de ma pensée. — Exilé ici j'ai eu une scène où jouer les chefs-d'oeuvre dramatiques de toutes les litératures. Je vous indiquerais les richesses inouïes. J'observe l'histoire des trésors que vous trouvâtes. Je vois la suite! Ma sagesse est aussi dédaignée que le chaos. Qu'est mon néant, auprès de la stupeur qui vous attend?

II

Je suis un inventeur bien autrement méritant que tous ceux qui m'ont précédé; un musicien même, qui ai trouvé quelque chose comme la clef de l'amour. A présent, gentilhomme d'une campagne aigre au ciel sobre, j'essaye de m'émouvoir au souvenir de l'enfance mendiante, de l'apprentissage ou de l'arrivée en sabots, des polémiques, des cinq ou six veuvages, et quelques noces où ma forte tête m'empêcha de monter au diapason des camarades. Je ne regrette pas ma vieille part de gaîté divine: l'air sobre de cette aigre campagne alimente fort activement mon atroce scepticisme. Mais comme ce scepticisme ne peut désormais être mis en oeuvre, et que d'ailleurs je suis dévoué à un trouble nouveau, — j'attends de devenir un très méchant fou.

VIDAS

I

Oh as enormes avenidas da terra santa, os terraços do Templo! Que é feito do brâhmane que me explicava os Provérbios? De então, de ali, até as velhas vejo ainda! Recordo as horas de prata e de sol em direcção aos rios, a mão da companheira em cima do meu ombro, e as nossas carícias trocadas de pé entre as especiarias. — Uma revoada de pombos escarlates estala em torno do meu pensamento. — Aqui exilado, tive um palco onde representar as obras-primas dramáticas de todas as literaturas. Ter-vos-ia mostrado riqueza inaudita. Observo a história dos vossos tesouros. Vejo a continuação! A minha sabedoria é tão desdenhada como o caos. Que é o meu nada, comparado ao estupor que vos espera?

II

Sou um inventor muito distintamente mais meritório do que qualquer dos meus predecessores: um músico que encontrou qualquer coisa como a clave do amor. Agora, gentil-homem de província acre e céu austero, procuro emocionar-me com a recordação da infância mendiga, a aula ou o regresso a galope, as polémicas, as cinco ou seis vezes em que fiquei viúvo, e as algumas pândegas em que a minha forte cabeça não me deixou seguir o diapasão dos camaradas. Não choro o meu velho quinhão de alegria divina: o ar austero desta terra pouca alimenta muito activamente o meu atroz cepticismo. Mas como o meu cepticismo deixou de ser manobrável e me votei a uma ânsia nova — fico à espera de ser um louco muito perigoso.

III

Dans un grenier où je fus enfermé à douze ans j'ai connu le monde, j'ai illustré la comédie humaine. Dans un cellier j'ai appris l'histoire. A quelque fête de nuit dans une cité du Nord, j'ai rencontré toutes les femmes des anciens peintres. Dans un vieux passage à Paris on m'a enseigné les sciences classiques. Dans une magnifique demeure cernée par l'Orient entier j'ai accompli mon immense oeuvre et passé mon illustre retraite. J'ai brassé mon sang. Mon devoir m'est remis. Il ne faut même plus songer à cela. Je suis réellement d'outre-tombe, et pas de commissions.

III

Num esconso onde me fecharam aos doze anos conheci o mundo, ilustrei a comédia humana. Num celeiro aprendi história. Numa gala nocturna duma cidade do Norte, vi todas as mulheres dos antigos pintores. Numa velha passagem de Paris ensinaram-me as ciências clássicas. Numa incursão magnífica, assistido por todo o Oriente, completei minha obra imensa e fiz a minha insigne retirada. Fermentei o meu sangue. Fui-me restituído. Que de tudo isto nem a ideia fique. Sou realmente de além-túmulo, e nada de comissões.

DÉPART

Assez vu. La vision s'est rencontrée à tous les airs.
Assez eu. Rumeurs des villes, le soir, et au soleil, et toujours.
Assez connu. Les arrêts de la vie. — O Rumeurs et Visions!
Départ dans l'affection et le bruit neufs!

PARTIDA

Demasiado visto. A visão percorreu todos os ares.

Por demais sofrido. Rumor das cidades, à noite, ao sol, e sempre.

Por demais sabido. As estocadas da vida. — Ó Rumores e Visões!

Partida no afecto e no ruído novos!

ROYAUTÉ

Un beau matin, chez un peuple fort doux, un homme et une femme superbes criaient sur la place publique: «Mes amis, je veux qu'elle soit reine!» «Je veux être reine!» Elle riait et tremblait. Il parlait aux amis de révélation, d'épreuve terminée. Ils se pâmaient l'un contre l'autre.

En effet ils furent rois toute une matinée où les tentures carminées se relevèrent sur les maisons, et toute l'après-midi, où ils s'avancèrent du côté des jardins de palmes.

REALEZA

Uma bela manhã, num povo de gente adorável, um homem e uma mulher soberbos gritavam na praça pública: «Amigos, quero que ela seja rainha!» «Quero ser rainha!» Ela ria e tremia. Ele falava de revelação, de prova terminada. Desfaleciam nos braços um do outro.

E efectivamente foram reis, por toda uma manhã, quando os véus carminados se ergueram sobre as casas, e por toda uma tarde, para os lados dos jardins de palmeiras.

A UNE RAISON

Un coup de ton doigt sur le tambour décharge tous les sons et commence la nouvelle harmonie.

Un pas de toi c'est la levée des nouveaux hommes et leur en marche.

Ta tête se détourne: le nouvel amour! Ta tête se retourne, — le nouvel amour!

«Change nos lots, crible les fléaux, à commencer par le temps», te chantent ces enfants. «Élève n'importe où la substance de nos fortunes et de nos vœux» on t'en prie.

Arrivée de toujours, qui t'en iras partout.

A UMA RAZÃO

Um toque do teu dedo no tambor dispara todos os sons e começa a nova harmonia.

Um passo teu é a sublevação dos novos homens e a sua arrancada.

Viras a cabeça: o novo amor! Voltas a cabeça, — o novo amor!

«Troca os nossos lotes, livra-nos das pragas, a começar pela praga do tempo», cantam-te estas crianças. «Ergue não importa onde a substância dos nossos destinos e do nosso arbítrio», imploram-te.

Chegada a todas as horas partida para todos os lados.

MATINÉE D'IVRESSE

O *mon* Bien! O *mon* Beau! Fanfare atroce où je ne trébuche point! Chevalet féerique! Hourra pour l'oeuvre inouïe et pour le corps merveilleux, pour la première fois! Cela commença sous les rires des enfants, cela finira par eux. Ce poison va rester dans toutes nos veines même quand, la fanfare tournant, nous serons rendus à l'ancienne inharmonie. O maintenant nous si digne de ces tortures! rassemblons fervemment cette promesse surhumaine faite à notre corps et à notre âme créés: cette promesse, cette démence! L'élégance, la science, la violence! On nous a promis d'enterrer dans l'ombre l'arbre du bien et du mal, de déporter les honnêtetés tyranniques, afin que nous amenions notre très pur amour. Cela commença par quelques dégoûts et cela finit, — ne pouvant nous saisir sur-le-champ de cette éternité, — cela finit par une débandade de parfums.

Rire des enfants, discrétion des esclaves, austérité des vierges, horreur des figures et des objects d'ici, sacrés soyez-vous par le souvenir de cette veille. Cela commençait par toute la rustrerie, voici que cela finit par des anges de flamme et de glace.

Petite veille d'ivresse, sainte! quand ce ne serait que pour le masque dont tu nous as gratifié. Nous t'affirmons, méthode! Nous n'oublions pas que tu as glorifié hier chacun de nos âges. Nous avons foi au poison. Nous savons donner notre vie tout entière tous les jours.

Voici le temps des *Assassins*.

MANHÃ DE EMBRIAGUEZ

Ó *meu* Bem! Ó *meu* Belo! Fanfarra atroz em que já não tropeço! Cavalete feérico! Hurrá pela obra inaudita e pelo corpo maravilhoso, pela primeira vez! Isto começou com risos de criança, em risos de criança há-de acabar. Este veneno vai ficar em todas as nossas veias, mesmo quando, regressada a fanfarra, formos devolvidos à antiga inarmonia. Ó nós agora tão digno destas torturas, cumpramos fielmente a jura sobre-humana feita ao nosso corpo e à nossa alma gerados: esta promessa, esta demência! A elegância, a ciência, a violência! Prometeram-nos enterrar na sombra a árvore do bem e do mal, banir as honestidades tirânicas, a fim de que pudéssemos nosso puríssimo amor. Isto começou com uma certa náusea e isto acaba — não podendo assenhorear-nos já de tal eternidade, — isto acaba por uma debandada de perfumes.

Risos de crianças, discreção de escravos, austeridade das virgens, horror destas caras e destes objectos, sagrados sejais pela recordação desta vigília. Isto começou com toda a grosseria, eis que isto acaba em anjos de fogo e de neve.

Breve vigília de embriaguez, santa!, quanto mais não seja pela máscara que nos deste! Afirmamos-te, método! Não esquecemos que exaltaste outrora todas as nossas idades. Temos fé no veneno. Sabemos dar a nossa vida inteira todos os dias.

Eis o tempo dos assassinos.

PHRASES

Quand le monde sera réduit en un seul bois noir pour nos quatre yeux étonnés, — en une plage pour deux enfants fidèles, — en une maison musicale pour notre claire sympathie, — je vous trouverai.

Qu'il n'y ait ici-bas qu'un vieillard seul, calme et beau, entouré d'un «luxe inouï», — et je suis à vos genoux.

Que j'aie réalisé tous vos souvenirs, — que je sois celle qui sait vous garrotter, — je vous étoufferai.

* * *

Quand nous sommes très forts, — qui recule? très gais, — qui tombe de ridicule? Quand nous sommes très méchants, que ferait-on de nous?

Parez-vous, dansez, riez. — Je ne pourrai jamais envoyer l'Amour par la fenêtre.

* * *

Ma camarade, mendiante, enfant monstre! comme ça t'est égal, ces malheureuses et ces manoeuvres, et mes embarras. Attache-toi à nous avec ta voix impossible, ta voix! unique flatteur de ce vil désespoir.

* * *

Une matinée couverte, en Juillet. Un goût de cendres vole dans l'air; — une odeur de bois suant dans l'âtre, — les fleurs rouies — le saccage des promenades — la bruine des canaux par les champs — pourquoi pas déjà les joujoux et l'encens?

FRASES

Quando o mundo estiver reduzido a um só bosque negro para os nossos olhos espantados — a uma praia para duas crianças sinceras, — a uma casa musical para a nossa clara simpatia — encontrar-vos-ei.

Quando aqui só haja um velho, belo e calmo, rodeado de um «luxo inaudito» — ajoelhar-me-ei.

Quando for eu toda a vossa memória — seja aquela que sabe garrotar-vos — estrangular-vos-ei.

* * *

Quando somos muito fortes, — quem recua? muito alegres, — quem cai no ridículo? Quando somos muito maus, — que fariam de nós?

Alindai-vos, bailai, desatai a rir. — Eu nunca poderei atirar o Amor pela janela.

* * *

Minha camarada, mendiga, criança-monstro!, como tudo isto te é indiferente, estas infelizes e as suas manobras, e os meus embaraços! Junta-te a nós com a tua voz impossível, a tua voz! único adulador deste vil desespero.

* * *

Manhã nevoenta, em Julho. Paira no ar um gosto a cinza; — um cheiro de lenho suado à lareira, — as devastações das passeatas — o mofo das regas, — porque não, já, o bocete e o incenso?

* * *

J'ai tendu des cordes de clocher à clocher; des guirlandes de fenêtre à fenêtre; des chaînes d'or d'étoile à étoile, et je danse.

* * *

Le haut étang fume continuellement. Quelle sorcière va se dresser sur le couchant blanc? Quelles violettes frondaisons vont descendre?

* * *

Pendant que les fonds publics s'écoulent en fêtes de fraternité, il sonne une cloche de feu rose dans les nuages.

* * *

Avivant un agréable goût d'encre de Chine une poudre noire doucement sur ma veillée. — Je baisse les feux du lustre, je me jette sur le lit, et tourné du côté de l'ombre je vous vois, mes filles! mes reines!

* * *

Lancei cordas de campanário a campanário; guirlandas de janela a janela; cadeias de ouro de estrela a estrela, e danço.

* * *

O estanque alto fuma sem parança. Que bruxa vai erguer-se do poente branco? Que frondescências violeta vão descer?

* * *

Enquanto dissipam os dinheiros públicos em festas de fraternidade, um sino de fogo rosa toca nas nuvens.

* * *

Avivando um agradável cheiro a tinta da China, um pó negro chove docemente sobre a minha vigília. — Baixo as luzes do lustre, lanço-me sobre a cama, e, voltado para o lado da sombra, vejo-vos, minhas filhas! minhas rainhas!

OUVRIERS

O cette chaude matinée de février. Le Sud inopportun vint relever nos souvenirs d'indigents absurdes, notre jeune misère.

Henrika avait une jupe de coton à carreau blanc et brun, qui a dû être portée au siècle dernier, un bonnet à rubans, et un foulard de soie. C'était bien plus triste qu'un deuil. Nous faisions un tour dans la banlieue. Le temps était couvert et ce vent du Sud excitait toutes les vilaines odeurs des jardins ravagés et des prés desséchés.

Cela ne devait pas fatiguer ma femme au même point que moi. Dans une flache laissée par l'inondation du mois précédent à un sentier assez haut elle me fit remarquer de très petits poissons.

La ville, avec sa fumée et ses bruits de métiers, nous suivait très loin dans les chemins. O l'autre monde, l'habitation bénie par le ciel et les ombrages! Le sud me rappelait les misérables incidents de mon enfance, mes désespoirs d'été, l'horrible quantité de force et de science que le sort a toujours éloignée de moi. Non! nous ne passerons pas l'été dans cet avare pays où nous ne serons jamais que des orphelins fiancés. Je veux que ce bras durci ne traîne plus une *chère image*.

OPERÁRIOS

Oh esta tarde quente de Fevereiro! O Suão inoportuno veio reavivar as nossas lembranças de indigentes absurdos, a nossa jovem miséria.

Henrika trazia uma saia de algodão aos quadrados brancos e castanhos que deviam ser moda no século passado, um barrete engalanado e um lenço de seda. Era mais triste que um luto. Dávamos uma volta pelos arredores. O tempo estava coberto e este vento Suão libertava todos os maus cheiros dos jardins dizimados e dos campos secos.

Isto cansava-me mais a mim do que à minha mulher. Numa poça de água cavada pelas inundações do mês precedente, num atalho bastante elevado, ela fez-me ver minúsculos peixes.

A cidade, com o seu fumo e o ruído das suas oficinas, seguia-nos de longe, todo o caminho. Oh o outro mundo, a casa abençoada pelo céu e pelas sombras! O Suão recordava-me os miseráveis incidentes da minha infância, os meus desesperos de estio, a horrível quantidade de força e de ciência que a sorte arredou sempre de mim. Não! não passaremos o estio nesta terra avara onde seremos sempre noivos órfãos. Quero que este braço endurecido deixe de arrastar uma *imagem querida*.

LES PONTS

Des ciels gris de cristal. Un bizarre dessin de ponts, ceux-ci droits, ceux-là bombés, d'autres descendant ou obliquant en angles sur les premiers, et ces figures se renouvelant dans les autres circuits éclairés du canal, mais tous tellement longs et légers que les rives, chargées de dômes s'abaissent et s'amoindrissent. Quelques-uns de ces ponts sont encore chargés de masures. D'autres soutiennent des mâts, des signaux, de frêles parapets. Des accords mineurs se croisent, et filent, des cordes montent des berges. On distingue une veste rouge, peut-être d'autres costumes et des instruments de musique. Sont-ce des airs populaires, des bouts de concerts seigneuriaux, des restants d'hymnes publics? L'eau est grise et bleue, large comme un bras de mer. — Un rayon blanc, tombant du haut du ciel, anéantit cette comédie.

AS PONTES

Céus de cristal cinzento. Um bizarro traçado de pontes, bombeadas, umas, outras, rectilíneas, outras descendo e obliquando em arco sobre as primeiras, e multiplicando-se todas estas linhas pelos outros circuitos do canal, tão longas todas, e aeroladas, que as margens, repletas de cúpulas, se afundam e minimizam. Algumas destas pontes ainda ostentam ruínas. Outras suportam mastros, sinais, frágeis parapeitos. Acordes menores cruzam-se e desaparecem: sobem cordas pelas ribanceiras. Distingue-se um fato vermelho, talvez outras roupas, e instrumentos de música. São canções populares, restos de concertos senhoriais, reminiscências de hinos? A água é cinzenta e azul, larga como um braço de mar.

Um raio branco, tombando do alto do céu, aniquila esta comédia.

VILLE

Je suis un éphémère et point trop mécontent citoyen d'une métropole crue moderne parce que tout goût connu a été éludé dans les ameublements et l'extérieur des maisons aussi bien que dans le plan de la ville. Ici vous ne signaleriez les traces d'aucun monument de superstition. La morale et la langue sont réduites à leur plus simple expression, enfin! Ces millions de gens qui n'ont pas besoin de se connaître amènent si pareillement l'éducation, le métier et la vieillesse, que ce cours de vie doit être plusieurs fois moins long que ce qu'une statistique folle trouve pour les peuples du continent. Aussi comme, de ma fenêtre, je vois des spectres nouveaux roulant à travers l'épaisse et éternelle fumée de charbon, — notre ombre des bois, notre nuit d'été! — des Erinnyes nouvelles, devant mon cottage qui est ma patrie et tout mon coeur puisque tout ici ressemble à ceci, — la Mort sans pleurs, notre active fille et servante, un Amour désespéré, et un joli Crime piaulant dans la boue de la rue.

CIDADE

Sou um efémero e não excessivamente descontente cidadão duma metrópole que julgam moderna porque foi evitada toda a estereotipia no mobiliário e na fachada das casas, como no plano geral da cidade. Aqui não ficou rasto de nenhum monumento de superstição. A moral e a língua enfim reduzidas à sua expressão mais simples! Estes milhões de pessoas que não têm qualquer necessidade de se conhecerem, levam com tal paralelismo a educação, a profissão e a velhice, que o seu tempo de vida deve ser muitas vezes inferior àquele que uma estatística louca encontrou para os povos do continente. Tal como, desde a minha janela, vejo novos fantasmas deslizando pelo espesso e contínuo fumo de carvão, — nossa sombra campestre, nossa noite de estio! — novas Erínias diante do cottage que é toda a minha pátria e todo o afecto, já que tudo aqui é igual a si-mesmo, — uma Morte sem lágrimas, nossa activa filha e criada, um Amor desesperado e um lindo Crime ganindo na lama da rua.

ORNIÈRES

A droite l'aube d'été éveille les feuilles et les vapeurs et les bruits de ce coin du parc, et les talus de gauche tiennent dans leur ombre violette les mille rapides ornières de la route humide. Défilé de féeries. En effet: des chars chargés d'animaux de bois doré, de mâts et de toiles bariolées, au grand galop de vingt chevaux de cirque tachetés, et les enfants et les hommes sur leurs bêtes les plus étonnantes; — vingt véhicules, bossés, pavoisés et fleuris comme des carrosses anciens ou de contes, pleins d'enfants attifés pour une pastorale suburbaine. — Même des cercueils sous leur dais de nuit dressant les panaches d'ébène, filant au trot des grandes juments bleues et noires.

SULCOS

À direita a aurora de verão desperta as folhas e os vapores e os ruídos deste lado do parque e à esquerda os taludes guardam na sua sombra violeta os mil rápidos sulcos da estrada húmida. Desfile de maravilhas. Com efeito: carros carregados de animais de talha dourada, de mastros e de telas sarapintadas, ao grande galope de vinte cavalos de circo malhados, e homens e crianças sobre as suas alimárias mais espantosas; — vinte veículos corcundas, empavezados e floridos como caleches de lenda ou de conto de fadas, repletos de crianças ataviadas para uma pastoral suburbana; — até caixões, com os seus dosséis nocturnos alçando os penachos de ébano ao trote de grandes éguas negras e azuis.

VILLES

Ce sont des villes! C'est un peuple pour qui se sont montés ces Alleghanys et ces Libans de rêve! Des chalets de cristal et de bois qui se meuvent sur des rails et des poulies invisibles. Les vieux cratères ceints de colosses et de palmiers de cuivre rugissent mélodieusement dans les feux. Des fêtes amoureuses sonnent sur les canaux pendus derrière les chalets. La chasse des carillons crie dans les gorges. Des corporations de chanteurs géants accourent dans des vêtements et des oriflammes éclatants comme la lumière des cimes. Sur les plates-formes au milieu des gouffres les Rolands sonnent leur bravoure. Sur les passerelles de l'abîme et les toits des auberges l'ardeur du ciel pavoise les mâts. L'écroulement des apothéoses rejoint les champs des hauteurs où les centauresses séraphiques évoluent parmi les avalanches. Au-dessus du niveau des plus hautes crêtes, une mer troublée par la naissance éternelle de Vénus, chargée de flottes orphéoniques et de la rumeur des perles et des conques précieuses, — la mer s'assombrit parfois avec des éclats mortels. Sur les versants des moissons de fleurs grandes comme nos armes et nos coupes, mugissent. Des cortèges de Mabs en robes rousses, opalines, montent des ravines. Là-haut, les pieds dans la cascade et les ronces, les cerfs tettent Diane. Les Bacchantes des banlieues sanglotent et la lune brûle et hurle. Vénus entre dans les cavernes des forgerons et des ermites. Des groupes de beffrois chantent les idées des peuples. Des châteaux bâtis en os sort la musique inconnue. Toutes les légendes évoluent et les élans se ruent dans les bourgs. Le paradis des orages s'effondre. Les sauvages dansent sans cesse la fête de la nuit. Et une heure je suis descendu dans le mouvement d'un boulevard de Bagdad où des compagnies ont chanté la joie du travail nouveau, sous une brise épaisse, circulant sans pouvoir éluder les fabuleux fantômes des monts où l'on a dû se retrouver.

CIDADES

São cidades! É um povo para o qual foram montados estes Aleghanis e estes Líbanos de sonho! Chalés de cristal e madeira movem-se sobre rails e polés invisíveis. As velhas crateras cingidas de colossos e de palmeiras de cobre rugem melodiosamente nas chamas. Soam galas amorosas nos canais suspensos atrás das casas. A ala dos carrilhões grita aos desfiladeiros. Corporações de gigantes cantores acodem envergando trajos e auriflamas brilhantes como a luz dos cimos. Em plataformas dominando abismos Rolandos clamam a sua coragem. Nas pontes suspensas do precipício e nos telhados das hospedarias o ardor do céu embandeira os mastros. O desmoronar das apoteoses atravessa campos de alturas onde as centauras seráficas navegam entre as avalanches. Acima do nível das mais altas cristas, um mar agitado pelo nascimento infindável de Vénus, coalhado de frotas oceânicas, de sussurros de pérolas e de conchas preciosas o mar escurece por vezes sob estrondos mortais. Nas encostas bramam colheitas de flores grandes como as nossas armas e taças. Procissões de Mabs em túnicas ruivas, opalinas, sobem das ravinas. Lá-cima, de pés na cascata e nas silvas, os gamos mamam em Diana. Bacantes soluçam nas cercanias e a lua arde e uiva. Vénus entra na caverna dos ferreiros e dos eremitas. Filas de campanários cantam as ideias dos povos. De castelos feitos de osso sai a música desconhecida. Todas as lendas evoluem e os ímpetos enchem as ruas do burgo. O paraíso das borrascas desaba. Os selvagens dançam sem fim a festa da noite. E, durante uma hora, desci ao bulício de uma rua de Bagdad onde turmas de operários cantaram a alegria do trabalho novo, sob espessa brisa, circulando sem poder evitar os fabulosos fantasmas dos montes onde devemos ter-nos encontrado.

Quels bons bras, quelle belle heure me rendront cette région d'où viennent mes sommeils et mes moindres mouvements?

Que braços bons, que hora magnânima me devolverão o país de onde vêm meus sonos e todos os meus movimentos?

VAGABONDS

Pitoyable frère! Que d'atroces veillées je lui dus! «Je ne me saisissais pas fervemment de cette entreprise. Je m'étais joué de son infirmité. Par ma faute nous retournerions en exil, en esclavage.» Il me supposait un guignon et une innocence très bizarres, et il ajoutait des raisons inquiétantes.

Je répondais en ricanant à ce satanique docteur, et finissais par gagner la fenêtre. Je créais, par delà la campagne traversée par des bandes de musique rare, les fantômes du futur luxe nocturne.

Après cette distraction vaguement hygiénique je m'étendais sur une paillasse. Et, presque chaque nuit, aussitôt endormi, le pauvre frère se levait, la bouche pourrie, les yeux arrachés, — tel qu'il se rêvait! — et me tirait dans la salle en hurlant son songe de chagrin idiot.

J'avais en effet; en toute sincérité d'esprit, pris l'engagement de le rendre à son état primitif de fils du Soleil, — et nous errions, nourris du vin des cavernes et du biscuit de la route, moi pressé de trouver le lieu et la formule.

VAGABUNDOS

Mísero irmão! que atrozes vigílias lhe devo! «Eu não levava a sério este trabalho. Troçava da sua doença. Por minha culpa, voltaríamos ao exílio, à escravidão.» Atribuía-me uma astúcia e uma inocência bastante bizarras, e aduzia razões inquietantes.

Eu respondia à gargalhada a este satânico doutor e acabava por ir para a janela. Criava, para além dos campos cruzados por bandas de música rara, os fantasmas do futuro luxo nocturno.

Depois deste entremez vagamente higiénico, estendia-me na enxerga. E, quase todas as noites, mal eu adormecia, o pobre irmão levantava-se, de boca podre, de olhos a saltar — como ele se sonhava! — e arrastava-me pela sala berrando o seu sonho de desgosto idiota.

Efectivamente eu jurara, com a maior sinceridade de espírito, devolvê-lo ao seu estado primitivo de filho do sol, — e errávamos, sustentados pelo vinho da mina e pela bolacha da estrada, eu com pressa de achar o lugar e a fórmula.

VILLES

L'acropole officielle outre les conceptions de la barbarie moderne les plus colossales. Impossible d'exprimer le jour mat produit par ce ciel immuablement gris, l'éclat impérial des bâtisses, et la neige éternelle du sol. On a reproduit dans un goût d'énormité singulier toutes les merveilles classiques de l'architecture. J'assiste à des expositions de peinture dans des locaux vingt fois plus vastes qu'Hampton-Court. Quelle peinture! Un Nabuchodonosor norwégien a fait construire les escaliers des ministères; les subalternes que j'ai pu voir sont déjà plus fiers que des brahmanes, et j'ai tremblé à l'aspect des gardiens de colosses et officiers de constructions. Par le groupement des bâtiments en squares, cours et terrasses fermées, on a évincé les cochers. Les parcs représentent la nature primitive travaillée par un art superbe. Le haut quartier a des parties inexplicables: un bras de mer, sans bateaux, roule sa nappe de grésil bleu entre des quais chargés de candélabres géants. Un pont court conduit à une poterne immédiatement sous le dôme de la Sainte-Chapelle. Ce dôme est une armature d'acier artistique de quinze mille pieds de diamètre environ.

Sur quelques points des passerelles de cuivre, des plates-formes, des escaliers qui contournent les halles et les piliers, j'ai cru pouvoir juger la profondeur de la ville! C'est le prodige dont je n'ai pu me rendre compte: quels sont les niveaux des autres quartiers sur ou sous l'acropole? Pour l'étranger de notre temps la reconnaissance est impossible. Le quartier commerçant est un circus d'un seul style, avec galeries à arcades. On ne voit pas de boutiques, mais la neige de la chaussée est écrasée; quelques nababs aussi rares que les promeneurs d'un matin de dimanche à Londres, se dirigent vers une diligence de diamants. Quelques divans de velours rouge: on sert des boissons polaires dont le prix varie de huit cents à huit

CIDADES

A acrópole oficial excede as mais colossais concepções da moderna selvajaria. Impossível exprimir a claridade fosca destilada por este céu imutavelmente cinzento, o brilho imperial dos edifícios e a neve eterna do solo. Num bizarro pendor para a desmesura foram reproduzidas todas as maravilhas da arquitectura clássica. Assisto a exposições de pintura em locais vinte vezes maiores do que Hampton Court. Que pintura! Um Nabucodonosor norueguês fez construir as escadas dos ministérios; os subalternos que pude observar são já mais altivos do que brâmanes, e o aspecto dos guardas dos colossos e dos oficiais de construção põe-me a tremer. Com o agrupamento dos edifícios em pátios, praças e terraços privados, suprimiram os cocheiros. Os parques representam a natureza primitiva trabalhada com uma arte soberba. A parte alta tem troços inexplicáveis: um braço de mar, sem barcos, rola a sua toalha de granizo azul entre cais juncados de candelabros gigantes. Uma pequena ponte conduz a uma poterna logo abaixo da cúpula da Santa Capela. A cúpula tem uma armação de aço artístico de aproximadamente quinze mil pés de diâmetro.

Sobre algumas destas pontes de ferro, plataformas, escadarias contornando praças, julguei poder calcular a profundidade da urbe! Prodígio que não pude esclarecer: quais os níveis dos outros bairros, sobre ou sob a acrópole? Para o estrangeiro do nosso tempo o reconhecimento é impossível. O bairro comercial é um circus de um só estilo, com galerias de arcadas. Não vemos as lojas, mas a neve, no chão, está espezinhada; alguns nababos, em quantidade tão pouca como a dos transeuntes da manhã de domingo em Londres, vão para uma diligência de diamantes. Alguns divãs de veludo vermelho: servem bebidas polares a preço variável entre as oitocentas e as oito mil rupias. À ideia de

mille roupies. A l'idée de chercher des théâtres sur ce circus, je me réponds que les boutiques doivent contenir des drames assez sombres. Je pense qu'il y a une police. Mais la loi doit être tellement étrange, que je renonce à me faire une idée des aventuriers d'ici.

Le faubourg, aussi élégant qu'une belle rue de Paris, est favorisé d'un air de lumière. L'élément démocratique compte quelques cents âmes. Là encore les maisons ne se suivent pas; le faubourg se perd bizarrement dans la campagne, le «Comté» qui remplit l'occident éternel des forêts et des plantations prodigieuses où les gentilshommes sauvages chassent leurs chroniques sous la lumière qu'on a créée.

procurar teatros neste circus, respondo que o interior das lojas deve abrigar dramas bastante sombrios. Penso que há uma polícia. Mas a lei deve ser tão extravagante que renuncio a formar uma ideia dos aventureiros daqui.

O subúrbio, elegante como uma bela rua de Paris, é favorecido por um cibinho de luz; o elemento democrático conta alguns centos de almas. Aqui tão-pouco o casario se sucede: extingue-se desajeitadamente no campo, o «Condado» que enche o ocidente eterno de florestas e plantações prodigiosas onde fidalgos selvagens prosseguem suas crónicas sob a luz gerada.

VEILLÉES

I

C'est le repos éclairé, ni fièvre ni languer, sur le lit ou sur le pré.

C'est l'ami ni ardent ni faible. L'ami.

C'est l'aimée ni tourmentante ni tourmentée. L'aimée.

L'air et le monde point cherchés. La vie.

— Était-ce donc ceci?

— Et le rêve fraîchit.

II

L'éclairage revient à l'arbre de bâtisse. Des deux extrémités de la salle, décors quelconques, des élévations harmoniques se joignent. La muraille en face du veilleur est une succession psychologique de coupes de frises, de bandes atmosphériques et d'accidences géologiques. — Rêve intense et rapide de groupes sentimentaux avec des êtres de tous les caractères parmi toutes les apparences.

III

Les lampes et les tapis de la veillée font le bruit des vagues, la nuit, le long de la coque et autour du steerage.

La mer de la veillée, telle que les seins d'Amélie.

Les tapisseries, jusqu'à mi-hauteur, des taillis de dentelle, teinte d'émeraude, ou se jettent les tourterelles de la veillée.

VIGÍLIAS

I

É o repouso claro, nem febre nem langor, na cama ou no prado.

É o amigo, nem fogoso nem débil. O amigo.

É a amada, nem tormentosa nem atormentada. A amada.

O ar e o mundo já não demandados. A vida.

— Était-ce donc ceci?

— Et le rêve fraîchit.

II

Voltou a luz ao telhado da obra. Das duas extremidades da sala, decorações quaisquer, concorrem elevações harmónicas. A muralha fronteira ao vigia é uma sucessão psicológica de secções de frisos, de faixas atmosféricas e acidentes geológicos. — Sonho intenso e rápido de grupos sentimentais com seres de todos os caracteres entre todas as aparências.

III

A lâmpada e a colcha da vigília fazem o barulho das ondas, à noite, ao longo do casco e em volta do steerage.

O mar da vigília: os peitos de Amélia.

O papel da parede, até meia altura, sebes de rendas tintas de esmeralda, contra as quais vão lançar-se as rolas da vigília.

. . . .

La plaque du foyer noir, de réels soleils des grèves: ah! puits des magies; seule vue d'aurore, cette fois.

. . . .

Pedras de fogo negras, verdadeiros sóis sobre as dunas: ah! poços de magias; única vista da aurora, desta vez.

MYSTIQUE

Sur la pente du talus les anges tournent leurs robes de laine dans les herbages d'acier et d'émeraude.

Des prés de flammes bondissent jusqu'au sommet du mamelon. A gauche le terreau de l'arête est piétiné par tous les homicides et toutes les batailles, et tous les bruits désastreux filent leur courbe. Derrière l'arête de droite la ligne des orients, des progrès.

Et tandis que la bande en haut du tableau est formée de la rumeur tournante et bondissante des conques des mers et des nuits humaines,

La douceur fleurie des étoiles et du ciel et du reste descend en face du talus, comme un panier, — contre notre face, et fait l'abîme fleurant et bleu là-dessous.

MÍSTICA

Na descida da rampa os anjos rodam os saios de lã nas silvas de aço e de esmeralda.

Prados de chamas lavram a colina. À esquerda o cimo do terreiro é pisado por todos os homicídios e todo o fragor de desgraça descreve a sua curva. Atrás da crista da direita a linha dos orientes, dos progressos.

E enquanto a faixa superior do quadro é formada pelo rumor hiante e turbilhonante das conchas dos mares e das noites humanas,

A doçura florida das estrelas e do céu e do resto desce frente à rampa, como um cesto, contra a tua face, e gera o abismo floral e azul lá em baixo.

AUBE

J'ai embrassé l'aube d'été.

Rien ne bougeait encore au front des palais. L'eau était morte. Les camps d'ombres ne quittaient pas la route du bois. J'ai marché, réveillant les haleines vives et tièdes, et les pierreries regardèrent, et les ailes se levèrent sans bruit.

La première entreprise fut, dans le sentier déjà empli de frais et blêmes éclats, une fleur qui me dit son nom.

Je ris au wasserfall blond qui s'échevela à travers les sapins: à la cime argentée je reconnus la déesse.

Alors je levai un à un les voiles. Dans l'allée, en agitant les bras. Par la plaine, où je l'ai dénoncée au coq. A la grand'ville elle fuyait parmi les clochers et les dômes, et courant comme un mendiant sur les quais de marbre, je la chassais.

En haut de la route, près d'un bois de lauriers, je l'ai entourée avec ses voiles amassés, et j'ai senti un peu son immense corps. L'aube et l'enfant tombèrent au bas du bois.

Au réveil il était midi.

AURORA

Tive nos braços a aurora de estio.

Ainda nada abrira a porta dos palácios. A água estava morta. As zonas de sombra não abandonavam a entrada do bosque. Caminhei, despertando os hálitos vivos e tépidos, e as pedrarias olharam, e as asas ergueram-se sem ruído.

A primeira aventura foi, no caminho já cheio de frescos e lívidos clarões, uma flor que me disse o seu nome.

Ri-me para a wasserfall loura que se encaracolou através dos abetos: no cimo prateado reconheci a deusa.

Então, um a um, tirei-lhe os véus. Na alameda, agitando os braços. Na planície, onde a denunciei ao galo. Na cidade, ela fugia entre as torres e as cúpulas, e, correndo como um mendigo sobre os cais de mármore, eu persegui-a.

No alto da estrada, perto do bosque de loureiros, cobri-a com os véus desordenadamente recuperados, e senti um pouco o seu imenso corpo. A aurora e a criança caíram na orla do bosque.

Ao acordar era meio-dia.

FLEURS

D'un gradin d'or, — parmi les cordons de soie, les gazes grises, les velours verts et les disques de cristal qui noircissent comme du bronze au soleil, — je vois la digitale s'ouvrir sur un tapis de filigranes d'argent, d'yeux et de chevelures.

Des pièces d'or jaune semées sur l'agate, des piliers d'acajou supportant un dôme d'émeraudes, des bouquets de satin blanc et de fines verges de rubis entourent la rose d'eau.

Tels qu'un dieu aux énormes yeux bleus et aux formes de neige, la mer et le ciel attirent aux terrasses de marbre la foule des jeunes et fortes roses.

FLORES

Desde um degrau de ouro, — entre os cordões de seda, o tule cinzento, os veludos verdes e os globos de cristal que enegrecem como bronze ao sol, — vejo a digital abrir-se num tapete de filigranas de prata, de olhos e de cabelos.

Peças de ouro amarelo espalhadas pela ágata, pilares de acaju suportando uma cúpula de esmeraldas, festões de cetim branco e de rubi rodeiam a rosa de água.

Como deuses de olhos azuis enormes e de formas de neve, o mar e o céu atraem aos terraços de mármore a multidão das jovens e fortes rosas.

NOCTURNE VULGAIRE

Un souffle ouvre des brèches opéradiques dans les cloisons, — brouille le pivotement des toits rongés, — disperse les limites des foyers, — éclipse les croisées. — Le long de la vigne, m'étant appuyé du pied à une gargouille, — je suis descendu dans ce carrosse dont l'époque est assez indiquée par les glaces convexes, les panneaux bombés et les sophas contournés. Corbillard de mon sommeil, isolé, maison de berger de ma niaiserie, le véhicule vire sur le gazon de la grande route effacée: et dans un défaut en haut de la glace de droite tournoient les blêmes figures lunaires, feuilles, seins.

— Un vert et un bleu très foncés envahissent l'image. Dételage aux environs d'une tache de gravier.

— Ici va-t-on siffler pour l'orage, et les Sodomes, — et les Solymes, — et les bêtes féroces et les armées,

— (Postillons et bêtes de songe reprendront-ils sous les plus suffocantes futaies, pour m'enfoncer jusqu'aux yeux dans la source de soie).

— Et nous envoyer, fouettés à travers les eaux clapotantes et les boissons répandues, rouler sur l'aboi des dogues…

— Un souffle disperse les limites du foyer.

NOCTURNO VULGAR

O vento abre fendas operádicas nos tabiques, — verga os telhados carcomidos, dispersa os limites do lar, eclipsa as janelas.

Ao longo da vinha, tendo apoiado o pé numa gárgula, salto para este coche cuja época está bem caracterizada pelos espelhos convexos, os painéis abaulados e os sofás pregueados. Carro funerário do meu sono, isolado, cabana de pastor do meu nada, o veículo guina sobre a relva da estrada real desaparecida. Numa falha no alto do espelho à direita turbilhonam lívidos rostos lunares, folhas, seios.

Um verde e um azul muito escuros invadem a imagem. Desatrelagem junto à mancha branca de um monte de areia.

— Aqui vão assobiar à tempestade, às Sodomas e às Solimas, aos animais ferozes e às armadas,

— (Postilhões e feras de pesadelo recomeçarão, sob as mais sufocantes tapadas, para me afundarem até aos olhos na fonte de seda.)

— Para que nos mandem, a chicote através das águas encapeladas e das bebidas esparsas, rolar sobre o uivar dos mastins...

— Um sopro dispersa os limites do lar.

MARINE

Les chars d'argent et de cuivre —
Les proues d'acier et d'argent —
Battent l'écume, —
Soulèvent les souches des ronces.
Les courants de la lande,
Et les ornières immenses du reflux,
Filent circulairement vers l'est,
Vers les piliers de la forêt, —
Vers les fûts de la jetée,
Dont l'angle est heurté par des tourbillons de lumière.

MARINHA

Os carros de prata e de cobre —
As proas de aço e de prata —
Removem a escuma, —
Levantam os montes de silvas.
As correntes da terra,
E os sulcos imensos do refluxo,
Correm circularmente para leste,
Para os pilares da floresta, —
Para os fustes do dique
Cujo ângulo é ferido por turbilhões de luz.

FÊTE D'HIVER

La cascade sonne derrière les huttes d'opéra-comique. Des girandoles prolongent, dans les vergers et les allées voisins du Méandre, — les verts et les rouges du couchant. Nymphes d'Horace coiffées au Premier Empire, — Rondes Sibériennes, Chinoises de Boucher.

GALA DE INVERNO

Murmúrio de cascata atrás de choças de ópera-cômica.

Prolongam-se girândolas nos vergéis e nas áleas próximas do Meandro, — os verdes e os vermelhos do poente. Ninfas de Horácio com penteados do Primeiro Império, — Rondas Siberianas, Chinesas de Boucher.

ANGOISSE

Se peut-il qu'Elle me fasse pardonner les ambitions continuellement écrasées, — qu'une fin aisée répare les âges d'indigence, — qu'un jour de succès nous endorme sur la honte de notre inhabileté fatale?

(O palmes! diamant! — Amour! force! — plus haut que toutes joies et gloires! — de toutes façons, partout, — démon, dieu — Jeunesse de cet être-ci; moi!)

Que des accidents de féerie scientifique et des mouvements de fraternité sociale soient chéris comme restitution progressive de la franchise première?...

Mais la Vampire qui nous rend gentils commande que nous amusions avec ce qu'elle nous laisse, ou qu'autrement nous soyons plus drôles.

Rouler aux blessures, par l'air lassant et la mer; aux supplices, par le silence des eaux et de l'air meurtriers; aux tortures qui rient, dans leur silence atrocement houleux.

ANGÚSTIA

Será possível que ela me faça perdoar as minhas ambições sempre esmagadas, — que um bem-estar futuro compense as épocas de indigência, — que um dia de êxito adormeça a vergonha da nossa inabilidade fatal?

(Oh palmas! diamante! — Amor, força! — mais alto que todas as alegrias e glórias! — de todas as maneiras, em todo o lado demónio, deus, — juventude deste ser; eu!)

Que acidentes de feérie científica e movimentos de fraternidade social sejam encarecidos como restituição progressiva da sinceridade primeira?...

Mas a Vampira que nos faz gentis ordena que brinquemos com o que nos dá, ou então que sejamos mais contentes.

Rolar nas feridas, no ar exausto e no mar: nos suplícios, no silêncio das águas e do ar assassinos; nas torturas que riem na sua mudez atrozmente encapelada.

MÉTROPOLITAIN

Du détroit d'indigo aux mers d'Ossian, sur le sable rose et orange qu'a lavé le ciel vineux viennent de monter et de se croiser des boulevards de cristal habités incontinent par de jeunes familles pauvres qui s'alimentent chez les fruitiers. Rien de riche. — La ville!

Du désert de bitume fuient droit en déroute avec les nappes de brumes échelonnées en bandes affreuses au ciel qui se recourbe, se recule et descend, formé de la plus sinistre fumée noire que puisse faire l'Océan en deuil, les casques, les roues, les barques, les croupes. — La bataille!

Lève la tête: ce pont de bois, arqué; les derniers potagers de Samarie; ces masques enluminés sous la lanterne fouettée par la nuit froide; l'ondine niaise à la robe bruyante, au bas de la rivière; ces crânes lumineux dans les plans de pois — et les autres fantasmagories — la campagne.

Des routes bordées de grilles et de murs, contenant à peine leurs bosquets, et les atroces fleurs qu'on appellerait coeurs et soeurs, Damas damnant de langueur, — possessions de féeriques aristocraties ultra-Rhénanes, Japonaises, Guaranies, propres encore à recevoir la musique des anciens — et il y a des auberges qui pour toujours n'ouvrent déjà plus — il y a des princesses, et si tu n'es pas trop accablé, l'étude des astres — le ciel.

Le matin où avec Elle, vous vous débattîtes parmi les éclats de neige, ces lèvres vertes, les glaces, les drapeaux noirs et les rayons bleus, et les parfums pourpres du soleil des pôles, — ta force.

METROPOLITANO

Do estreito de índigo aos mares de Ossian, na areia rosa e laranja que o céu vinhento lavou, acabam de montar boulevards de cristal logo ocupados por famílias pobres que comem do que compram nas lojas de hortaliça. Nada de grandioso. — A cidade!

Do deserto de betume fogem em debandada com as linhas de brumas escalonadas em fileiras horríveis no céu que se encurva, recua e abate, formado pela fumarada negra mais sinistra que o Oceano em luta possa conceber, elmos, rodas, barcas, garupas. — A batalha!

Levanta a cabeça: essa ponte de madeira, arqueada; os últimos hortelões da Samária; as máscaras gravadas pela luz da lanterna fustigada pela noite fria; a ondina tonta de vestes ruidosas na baixa do rio; os crânios acesos nas empas de ervilha, — e as outras fantasmagorias — o campo.

Estradas bordadas de grades e muros, contendo a custo as matas e as flores atrozes a que haviam de chamar corações e irmãs, Sabre condenado à lassidão — possessões de feéricas aristocracias ultraRenanas, Japonesas, Guaranis, ainda aptas para receber música antiga — e há portas que se fecharam para sempre; — há princesas, e, se não estás muito triste, há o estudo dos astros — O céu.

Na manhã em que, com Ela, vos debatestes entre as explosões de neve, esses lábios verdes, o gelo, os estandartes negros e os raios azuis, e os perfumes púrpuras do sol dos pólos — a tua força.

BARBARE

Bien après les jours et les saisons, et les êtres et les pays.

Le pavillon en viande saignante sur la soie des mers et des fleurs arctiques; (elles n'existent pas.)

Remis des vieilles fanfares d'héroïsme — qui nous attaquent encore le coeur et la tête — loin des anciens assassins —

Oh! Le pavillon en viande saignante sur la soie des mers et des fleurs arctiques; (elles n'existent pas.)

Douceurs!

Les brasiers, pleuvant aux rafales de givre, — Douceurs! — les feux à la pluie du vent de diamants jetée par le coeur terrestre éternellement carbonisé pour nous. — O monde! —

(Loin des vieilles retraites et des vieilles flammes, qu'on entend, qu'on sent,)

Les brasiers et les écumes. La musique, virement des gouffres et choc des glaçons aux astres.

O Douceurs, ô monde, ô musique! Et là, les formes, les sueurs, les chevelures et les yeux, flottant. Et les larmes blanches, bouillantes, — ô douceurs! — et la voix féminine arrivée au fond des volcans et des grottes arctiques.

Le pavillon...

BÁRBARA

Muito depois dos dias e das estações, e os seres e os países. A bandeira de carne sangrenta sobre a seda dos mares e das flores árcticas; (que não existem.)

Esquecida das velhas fanfarras de heroísmo — que ainda nos atacam a cabeça e o peito — longe dos antigos assassinos —

Oh! A bandeira de carne sangrenta sobre a seda dos mares e das flores árcticas; (que não existem.)

Doçuras!

Os braseiros chovendo em bátegas de gelo — Doçuras! — as cintilações na chuva do vento de diamantes jorrada do coração terrestre por nós eternamente carbonizado. — Ó Mundo! —

(Longe das amigas retiradas e das chamas antigas, que ainda ouvimos, sentimos).

Braseiros e escunas. Música, emergir de abismos, embate dos gelos nos astros.

Ó doçuras, ó músicas, ó mundo! E, ali, as formas, os suores, os cabelos e os olhos, flutuando. E as lágrimas brancas, ferventes — Ó doçuras! — e a voz feminina chegando ao fundo dos vulcões e das grutas árcticas.

A bandeira...

SOLDE

A vendre ce que les Juifs n'ont pas vendu, ce que noblesse ni crime n'ont goûté, ce qu'ignorent l'amour maudit et la probité infernale des masses; ce que le temps ni la science n'ont pas à reconnaître:

Les Voix reconstituées; l'éveil fraternel de toutes les énergies chorales et orchestrales et leurs applications instantanées; l'occasion, unique, de dégager nos sens!

A vendre les Corps sans prix, hors de toute race, de tout monde, de tout sexe, de toute descendance! Les richesses jaillissant à chaque démarche! Solde de diamants sans contrôle!

A vendre l'anarchie pour les masses; la satisfaction irrépressible pour les amateurs supérieurs; la mort atroce pour les fidèles et les amants!

A vendre les habitations et les migrations, sports, féeries et conforts parfaits, et le bruit, le mouvement et l'avenir qu'ils font!

A vendre les applications de calcul et les sauts d'harmonie inouïs. Les trouvailles et les termes non soupçonnés, possession immédiate,

Élan insensé et infini aux splendeurs invisibles, aux délices insensibles, — et ses secrets affolants pour chaque vice — et sa gaîté effrayante pour la foule.

A vendre les Corps, les voix, l'immense opulence inquestionable, ce qu'on ne vendra jamais. Les vendeurs ne sont pas à bout de solde! Les voyageurs n'ont pas à rendre leur commission de si tôt!

SALDO

À venda o que os judeus não venderam, o que nobreza e crime não gozaram, o que o amor maldito e a probidade infernal das massas ignoraram; o que nem tempo nem ciência têm de reconhecer:

As Vozes reconstituídas; o despertar fraterno de todas as energias corais e orquestrais e suas aplicações instantâneas; a ocasião, única, de distender os sentidos!

À venda os corpos sem preço, sem distinção de raça, mundo, sexo, descendência! A riqueza irrompe em cada lote! Saldo de diamantes sem controlo!

À venda a anarquia para as massas; a satisfação irreprimível para os amadores superiores; a morte atroz para os fiéis e para os amantes!

À venda as casas e as migrações, os sports, as maravilhas e os comforts perfeitos, e o ruído, o movimento e o futuro que fazem!

À venda as aplicações de cálculo e os saltos de harmonia inauditos. Regras e achados nunca suspeitados, entrega imediata.

Ímpeto infinito e insensato de esplendores invisíveis, de delícias insensíveis, e seus segredos enlouquecedores para cada vício, e a sua aterradora alegria para a multidão.

À venda os corpos, as vozes, a imensa opulência inquestionable, o que nunca será vendido! Ainda temos de tudo! Os viajantes não têm que entregar já as suas comissões.

FAIRY

Pour Hélène se conjurèrent les sèves ornamentales dans les ombres vierges et les clartés impassibles dans le silence astral. L'ardeur de l'été fut confiée à des oiseaux muets et l'indolence requise à une barque de deuils sans prix par des anses d'amours morts et de parfums affaissés.

— Après le moment de l'air des bûcheronnes à la rumeur du torrent sous la ruine des bois, de la sonnerie des bestiaux à l'écho des vals, et des cris des steppes.

Pour l'enfance d'Hélène frissonnèrent les fourrures et les ombres, — et le sein des pauvres, et les légendes du ciel.

Et ses yeux et sa danse supérieurs encore aux éclats précieux, aux influences froides, au plaisir du décor et de l'heure uniques.

FAIRY

Para Helena se conjuraram as seivas ornamentais nas sombras virgens e as claridades impassíveis no silêncio astral. O ardor do estio foi confiado a aves mudas e a indolência requerida a uma barca de lutos sem preço por angras de amores mortos e de perfumes esparsos.

— Depois do momento do canto dos lenhadores rumor de torrente sob a ruína dos bosques, dos chocalhos do gado ecoando nos vales; e dos gritos na estepe.

Para a infância de Helena tremeram as peliças e as sombras, — e o peito dos pobres, e as lendas do céu.

E seus olhos e danças ainda superiores às cintilações preciosas, às influências frias, ao prazer do cenário e da hora únicos.

GUERRE

Enfant, certains ciels ont affiné mon optique: tous les caractères nuancèrent ma physionomie. Les Phénomènes s'émurent. — A présent l'inflexion éternelle des moments et l'infini des mathématiques me chassent par ce monde où je subis tous les succès civils, respecté de l'enfance étrange et des affections énormes. — Je songe à une Guerre, de droit ou de force, de logique bien imprévue.

C'est aussi simple qu'une phrase musicale.

GUERRA

Em menino, certos céus afeiçoaram a minha óptica: todos os caracteres trabalharam a minha fisionomia. Os Fenómenos emocionaram-se. — Hoje, a inflexão eterna dos instantes e a infinitude das matemáticas levam-me por este mundo em que suporto todas as honras civis, respeitado por infâncias bizarras e alvo de afectos desmesurados. — Penso numa Guerra, de direito ou de força, de lógica assaz imprevista.

É simples como uma frase musical.

JEUNESSE

I
dimanche

Les calculs de côté, l'inévitable descente du ciel, et la visite des souvenirs et la séance des rythmes occupent la demeure, la tête et le monde de l'esprit.

— Un cheval détale sur le turf suburbain, et le long des cultures et des boisements, percé par la peste carbonique. Une misérable femme de drame, quelque part dans le monde, soupire après des abandons improbables. Les desperadoes languissent après l'orage, l'ivresse et les blessures. De petits enfants étouffent des malédictions le long des rivières. —

Reprenons l'étude au bruit de l'oeuvre dévorante qui se rassemble et remonte dans les masses.

II
sonnet

Homme de constitution ordinaire, la chair n'était-elle pas un fruit pendu dans le verger, ô journées enfantes! le corps un trésor à prodiguer; ô aimer, le péril ou la force de Psyché? La terre avait des versants fertiles en princes et en artistes, et la descendance et la race nous poussaient aux crimes et aux deuils: le monde votre fortune et votre péril. Mais à présent, ce labeur comblé, toi, tes calculs, toi, tes impatiences, ne sont plus que votre danse et votre voix, non fixées et point forcées, quoique d'un double événement d'invention et de succès une raison, en l'humanité fraternelle et discrète par l'univers sans images; — la force et le droit réfléchissent la danse et la voix à présent seulement appréciées.

JUVENTUDE

I
domingo

Postos de lado os problemas, a inevitável descida do céu e a visitação da memória e a sessão dos ritmos ocupam a casa, a cabeça e o mundo do espírito.

— Um cavalo lança-se no turf suburbano ao longo das culturas e dos arvoredos, atacado de peste bubónica. Uma pobre mulher de comédia, algures no mundo, chora improváveis abandonos. Os desperadoes languescem depois da trovoada, da bebedeira e das feridas. Crianças sufocam maldições nas margens dos rios.

Retomemos o estudo ao som da obra devorante que alastra e sobe das massas.

II
soneto

Homem de constituição comum, não era a carne um fruto pendendo da árvore, ó jornadas infantes! o corpo um tesouro para prodigalizar; ó amar, perigo ou força de Psique? A terra tinha encostas férteis em príncipes e artistas, e a descendência e a raça levaram-nos aos crimes e aos lutos: mundo, vossa fortuna e vosso risco. Hoje, porém, cumprido este labor, tu, os teus cálculos, tu, as tuas impaciências, não são mais que a vossa dança e a vossa voz, não forçadas, não fixas, ainda que em duplo evento de invenção e de êxito uma razão, na humanidade fraternal e discreta de um universo sem imagens; — o direito e a força reflectem a dança e a voz só agora apreciadas.

III

vingt ans

Les voix instructives exilées... L'ingénuité physique amèrement rassise... Adagio. Ah! l'égoïsme infini de l'adolescence, l'optimisme studieux: que le monde était plein de fleurs cet été! Les airs et les formes mourant... Un choeur, pour calmer l'impuissance et l'absence! Un choeur de verres de mélodies nocturnes... En effet les nerfs vont vite chasser.

IV

Tu en es encore à la tentation d'Antoine. L'ébat du zèle écourté, les tics d'orgueil puéril, l'affaiblissement et l'effroi. Mais tu te mettras à ce travail: toutes les possibilités harmoniques et architecturales s'émouvront autour de ton siège. Des êtres parfaits, imprévus, s'offriront à tes expériences. Dans tes environs affluera rêveusement la curiosité d'anciennes foules et de luxes oisifs. Ta mémoire et les sens ne seront que la nourriture de ton impulsion créatrice. Quant au monde, quand tu sortiras, que sera-t-il devenu? En tout cas, rien des apparences actuelles.

III

vinte anos

As vozes instrutivas exiladas... A ingenuidade física amargamente aquietada... Adágio. Ah! o egoísmo infinito da adolescência, o optimismo estudioso: como o mundo estava em flor, nesse verão! O ar e as formas morriam... Um coro, para acalmar a impotência e a ausência! Um coral de copos, de melodias nocturnas... Com efeito, os nervos vão já pôr-se à caça.

IV

Ainda vais na tentação de Antão. As correrias do zelo encolhido, os tiques do orgulho pueril, a fraqueza e o pavor. Mas perfarás este trabalho: todas as possibilidades harmónicas e arquitecturais te rodearão emocionadas. Criaturas perfeitas, imprevistas, se oferecerão às tuas experiências. Das cercanias afluirá sonhadora a curiosidade de amigas multidões e de luxos ociosos. Só a tua memória e os teus sentidos alimentarão teu ímpeto criador. Quanto ao mundo, que te mostrará ele, quando saíres? Em todo o caso, nada das aparências actuais.

PROMONTOIRE

L'aube d'or et la soirée frissonnante trouvent notre brick en large en face de cette villa et de ses dépendances, qui forment un promontoire aussi étendu que l'Épire et le Péloponnèse, ou que la grande île du Japon, ou que l'Arabie! Des fanums qu'éclaire la rentrée des théories, d'immenses vues de la défense des côtes modernes; des dunes illustrées de chaudes fleurs et de bacchanales; de grands canaux de Carthage et des Embankments d'une Venise louche; de molles éruptions d'Etnas et des crevasses de fleurs et d'eaux des glaciers; des lavoirs entourés de peupliers d'Allemagne; des talus de parcs singuliers penchant des têtes d'Arbre du Japon; et les façades circulaires des «Royal» ou des «Grand» de Scarbro et de Brooklyn; et leurs railways flanquent, creusent, surplombent les dispositions de cet Hôtel, choisies dans l'histoire des plus élégantes et des plus colossales constructions de l'Italie, de l'Amérique et de l'Asie, dont les fenêtres et les terrasses à présent pleines d'éclairages, de boissons et de brises riches, sont ouvertes à l'esprit des voyageurs et des nobles — qui permettent, aux heures du jour, à toutes les tarentelles des côtes, — et même aux ritournelles des vallées illustres de l'art, de décorer merveilleusement les façades du Palais-Promontoire.

PROMONTÓRIO

A manhã de ouro e o anoitecer tiritante encontram o nosso brick ao largo face a esta «Vila» e às suas dependências, que formam um promontório tão extenso como o Epiro e o Peloponeso ou a grande ilha do Japão, ou a Arábia! Fanos que o regresso das teorias ilumina; imensas vistas da defesa da costa moderna: dunas ilustradas de flores quentes e de bacanais: grandes canais de Cartago e embankments de uma Veneza equívoca; erupções de Etnas moles, fendas de flores e de águas dos glaciares; lavadouros cercados de álamos alemães; taludes de parques singulares suspendendo cabeças de árvores do Japão; e as fachadas circulares dos «Royal» ou dos «Grand» de Scarbro e de Brooklin; e os seus railways franqueiam, cruzam, ultrapassam as disponibilidades deste hotel, escolhidas na história das mais elegantes e mais colossais construções da Itália, da América e da Ásia, onde as janelas e os terraços agora totalmente iluminados, repletos de bebidas e de brisas ricas, estão abertos ao espírito do viajante e do nobre, — que permitem, de dia, a todas as tarantelas da costa — e até aos ritornelos dos vales ilustres da arte, decorar maravilhosamente as fachadas do Palácio-Promontório.

SCÈNES

L'ancienne Comédie poursuit ses accords et divise ses Idylles:

Des boulevards de tréteaux.

Un long pier en bois d'un bout à l'autre d'un champ rocailleux où la foule barbare évolue sous les arbres dépouillés.

Dans des corridors de gaze noire, suivant le pas des promeneurs aux lanternes et aux feuilles.

Des oiseaux des mystères s'abattent sur un ponton de maçonnerie mû par l'archipel couvert des embarcations des spectateurs.

Des scènes lyriques accompagnées de flûte et de tambour s'inclinent dans des réduits ménagés sous les plafonds, autour des salons de clubs modernes ou des salles de l'Orient ancien.

La féerie manoeuvre au sommet d'un amphithéâtre couronné de taillis, — ou s'agite et module pour les Béotiens, dans l'ombre des futaies mouvantes sur l'arête des cultures.

L'opéra-comique se divise sur une scène à l'arête d'intersection de dix cloisons dressées de la galerie aux feux.

CENAS

A antiga Comédia prossegue os seus acordes e reparte os idílios. Avenidas de palcos.

Um longo pier de madeira de um a outro extremo do campo rochoso onde a multidão bárbara evolui sob as árvores nuas.

Em corredores de gaze negra, seguindo o movimento dos passeantes, luzes e folhagem.

Aves de mistérios abatem-se sobre um paredão de alvenaria movido pelo arquipélago coberto pelas embarcações dos espectadores.

Episódios líricos acompanhados a flauta e a tambor reclinam-se em redutos do tecto que circunda salões de clubes modernos ou salas do Oriente antigo.

A maravilha opera no cimo de um anfiteatro coroado de buxo, — onde se agita e modula para os Beócios, à sombra das matas movediças sobranceiras à linha das culturas.

O palco de ópera-cómica divide-se no ponto de intersecção de dez tabiques que vão da galeria às luzes.

SOIR HISTORIQUE

Em quelque soir, par exemple, que se trouve le touriste naïf, retiré de nos horreurs économiques, la main d'un maître anime le clavecin des prés; on joue aux cartes au fond de l'étang, miroir évocateur des reines et des mignonnes; on a les saintes, les voiles, et les fils d'harmonie, et les chromatismes légendaires, sur le couchant.

Il frissonne au passage des chasses et des hordes. La comédie goutte sur les tréteaux de gazon. Et l'embarras des pauvres et des faibles sur ces plans stupides!

A sa vision esclave, l'Allemagne s'échafaude vers des lunes; les déserts tartares s'éclairent; les révoltes anciennes grouillent dans le centre du Céleste Empire; par les escaliers et les fauteuils de rocs, un petit monde blême et plat, Afrique et Occidents, va s'édifier. Puis un ballet de mers et de nuits connues, une chimie sans valeur, et des mélodies impossibles.

La même magie bourgeoise à tous les points où la malle nous déposera! Le plus élémentaire physicien sent qu'il n'est plus possible de se soumettre à cette atmosphère personnelle, brume de remords physiques, dont la constatation est déjà une affliction.

Non! Le moment de l'étuve, des mers enlevées, des embrasements souterrains, de la planète emportée, et des exterminations conséquentes, certitudes si peu malignement indiquées dans la Bible et par les Nornes et qu'il sera donné à l'être sérieux de surveiller. — Cependant ce ne sera point un effet de legende!

TARDE HISTÓRICA

Em qualquer tarde, por exemplo, em que ande o turista ingénuo, poupado aos nossos horrores económicos, a mão de um mestre anima o clavecino dos prados: jogam às cartas no fundo do lago, espelho evocador das rainhas e das favoritas; a poente, as santas, os velos, e as linhas de harmonia, e os cromatismos lendários.

Ele treme à passagem das hordas e das montarias. A comédia goteja sobre estrados de relva. E o embaraço dos pobres e dos débeis no meio destas estúpidas perspectivas!

Na sua visão escrava, a Alemanha catapulta-se para luas; os desertos tártaros iluminam-se; antigas revoltas fervilham no Celeste Império central; através de escadas e de camas de pedra um mundozinho lívido e balofo, África e Ocidentes, vai ser construído. Depois, um baile de noites e de mares já sabidos, uma quimia sem valor, e impraticáveis melodias.

A mesma magia burguesa em qualquer lado onde a mala-posta nos deixe! O físico mais elementar sente que já não é possível submeter-nos a esta atmosfera pessoal, a esta bruma de remorsos físicos cuja constatação é já uma aflição.

Não! O efeito de estufa, de retirada dos mares, das explosões subterrâneas, do planeta expelido, e subsequentes extermínios, certezas com tão escassa malícia apontadas pela Bíblia e pelas Normas e que a seres probos caberá vigiar. — No entanto, de modo algum será um efeito de fábula!

BOTTOM

La réalité étant épineuse pour mon grand caractère, — je me trouvai néanmoins chez Madame, en gros oiseau gris bleu s'essorant vers les moulures du plafond et traînant l'aile dans les ombres de la soirée.

Je fus, au pied du baldaquin supportant ses bijoux adorés et ses chefs-d'oeuvre physiques, un gros ours aux gencives violettes et au poil chenu de chagrin, les yeux aux cristaux et aux argents des consoles.

Tout se fit ombre et aquarium ardent.

Au matin, — aube de juin batailleuse, — je courus aux champs, âne, claironnant et brandissant mon grief, jusqu' à ce que les Sabines de la banlieue vinrent se jeter à mon poitrail.

BOTTOM

Sendo a realidade espinhosa demais para a minha grande personalidade, — estava eu em casa da minha dama em figura de ave azul-cinzenta arremetendo enorme contra os frisos do tecto e arrastando a asa pelas sombras da tarde.

Fui, aos pés do dossel que suportava as suas amadas jóias e as suas obras-primas físicas, um grande urso de gengivas violeta e pêlo doente de mágua, de olhos nos cristais e nas pratas das consolas.

Tudo se tornou sombra e aquário ardente.

De manhã — belicosa aurora de Junho — saí em correria pelos campos, jumento, trombeteando e brandindo o meu agravo, até que as Sabinas dos arredores vieram lançar-se ao meu peitoral.

H

Toutes les monstruosités violent les gestes atroces d'Hortense. Sa solitude est la mécanique érotique; sa lassitude, la dynamique amoureuse. Sous la surveillance d'une enfance, elle a été, à des époques nombreuses, l'ardente hygiène des races. Sa porte est ouverte à la misère. Là, la moralité des êtres actuels se décorpore en sa passion ou en son action. — O terrible frisson des amours novices sur le sol sanglant et par l'hydrogène clarteux! trouvez Hortense.

H

Toda a monstruosidade viola o gesto atroz de Hortense. A sua solidão é mecânica erótica: a sua lassidão, mecânica amorosa. Ela foi, em épocas inúmeras, vigilância da infância e ardente higiene das raças. A sua porta abre-se à miséria. Aqui, a moral dos seres actuais descorporiza paixão e acção. — Ó frémito terrível dos amores noviços sobre o chão sangrento e, de hidrogénio, claro! descobri Hortense.

MOUVEMENT

Le mouvement de lacet sur la berge des chutes du fleuve,
Le gouffre à l'étambot,
La célérité de la rampe,
L'énorme passade du courant
Mènent par les lumières inouïes
Et la nouveauté chimique
Les voyageurs entourés des trombes du val
Et du strom.

Ce sont les conquérants du monde
Cherchant la fortune chimique personnelle;
Le sport et le confort voyagent avec eux;
Ils emmènent l'éducation
Des races, des classes et des bêtes, sur ce vaisseau
Repos et vertige
A la lumière diluvienne,
Aux terribles soirs d'étude.

Car de la causerie parmi les appareils, le sang, les fleurs,
le feu, les bijoux,
Des comptes agités à ce bord fuyard,
— On voit, roulant comme une digue au-delà de la route
hydraulique motrice,
Monstrueux, s'éclairant sans fin, — leur stock d'études;
Eux chassés dans l'extase harmonique,
Et l'héroïsme de la découverte.

Aux accidents atmosphériques les plus surprenants,
Un couple de jeunesse, s'isole sur l'arche,
— Est-ce ancienne sauvagerie qu'on pardonne? —
Et chante et se poste.

MOVIMENTO

O zig-zag na escarpa sobre as cataratas do rio,
O turbilhão no cadaste,
A celeridade da rampa,
O enorme volume da corrente,
Levam sob a luz inaudita
E a surpresa química
Os viajantes cercados pelas trombas do vale
E do strom.

São os conquistadores do mundo
Em busca da fortuna química pessoal;
Desporto e conforto viajam com eles;
Vai com eles a educação
Das raças, das classes e dos bichos, sobre este barco
Repouso e vertigem
Na luz diluviana,
Nas terríveis tardes de estudo.

Pois das conversas entre os aparelhos, o sangue, as flores
o fogo, as jóias,
Dos cálculos ansiosos deste barco fugitivo,
— Vemos, rolando como um dique frente à roda hidráulica
motora,
Monstruoso, iluminando-se sem fim, — o seu stock de estudos;
Imersos no êxtase harmónico,
E no heroísmo da descoberta.

Ante os mais surpreendentes acidentes atmosféricos,
Um par jovem isola-se na arca
— Antiga selvajaria consentida? —
E coloca-se e canta.

DÉVOTION

A ma soeur Louise Vanaen de Voringhem: — Sa cornette bleue tournée à la mer du Nord. — Pour les naufragés.

A ma soeur Léonie Aubois d'Ashby. Baou — l'herbe d'été bourdonnante et puante. — Pour la fièvre des mères et des enfants.

A Lulu, — démon — qui a conservé un goût pour les oratoires du temps des Amies et de son éducation incomplète. Pour les hommes! A madame * * *.

A l'adolescent que je fus. A ce saint vieillard, ermitage ou mission.

A l'esprit des pauvres. Et à un très haut clergé.

Aussi bien à tout culte en telle place de culte mémoriale et parmi tels événements qu'il faille se rendre, suivant les aspirations du moment ou bien notre propre vice sérieux.

Ce soir à Circeto des hautes glaces, grasse comme le poisson, et enluminée comme les dix mois de la nuit rouge, — (son coeur ambre et spunk), — pour ma seule prière muette comme ces régions de nuit et précédant des bravoures plus violentes que ce chaos polaire.

A tout prix et avec tous les airs, même dans des voyages métaphysiques. — Mais plus *alors*.

PRECE

A minha irmã Luísa Vanaen de Voninghem: — A sua coifa azul virada ao mar do Norte. — Aos náufragos.

A minha irmã Leónia Aubois d'Asbhy. Baou — a erva de estio borbulhante e fedente. À febre das mães e dos filhos.

A Lulu — demónio — que mantém um gosto pelas oratórias do tempo das Amigas e pela sua educação incompleta. Para homens! A madame * * * .

Ao adolescente que fui. A esse santo velho, eremita ou missão.

Ao espírito dos pobres. E a um bem alto claro.

E a todo o culto em cada lugar de culto memorial e em contingências tais que nos submetamos, por aspiração passageira ou vício sério.

Esta noite, na Circeto dos morros gelados, oleosa como o peixe, e iluminada como os dez meses da noite vermelha — (seu coração âmbar e spunk), — para a minha oração silenciosa e única como estas regiões da noite, e precedendo bravuras mais violentas do que este caos polar.

A qualquer preço e sob quaisquer céus, mesmo a viagem metafísica. — Mas não *agora*.

DÉMOCRATIE

«Le drapeau va au paysage immonde, et notre patois étouffe le tambour.

«Aux centres nous alimenterons la plus cynique prostitution. Nous massacrerons les révoltes logiques.

«Aux pays poivrés et détrempés! — au service des plus monstrueuses exploitations industrielles ou militaires.

«Au revoir ici, n'importe où. Conscrits du bon vouloir, nous aurons la philosophie féroce; ignorants pour la science, roués pour le confort; la crevaison pour le monde qui va. C'est la vraie marche. En avant, route!»

DEMOCRACIA

«A bandeira reflecte a paisagem imunda e a nossa gíria abafa o som do tambor.

«Nos centros alimentaremos a mais cínica prostituição. Massacraremos as revoltas lógicas.

«Às terras aromáticas e dóceis! — ao serviço das mais monstruosas explorações industriais ou militares.

«Até mais ver!, não importa onde. Recrutas do próprio querer, teremos a filosofia feroz; inaptos para a ciência, esgotados para o conforto; e que os outros rebentem. Este é o caminho. Em frente, marcha!»

GÉNIE

Il est l'affection et le présent puisqu'il a fait la maison ouverte à l'hiver écumeux et à la rumeur de l'été, lui qui a purifié les boissons et les aliments, lui qui est le charme des lieux fuyants et le délice surhumain des stations. Il est l'affection et l'avenir, la force et l'amour que nous, debout dans les rages et les ennuis, nous voyons passer dans le ciel de tempête et les drapeaux d'extase.

Il est l'amour, mesure parfaite et réinventée, raison merveilleuse et imprévue, et l'éternité: machine aimée des qualités fatales. Nous avons tous eu l'épouvante de sa concession et de la nôtre: ô jouissance de notre santé, élan de nos facultés, affection égoïste et passion pour lui, lui qui nous aime pour sa vie infinie...

Et nous nous le rappelons et il voyage... Et si l'Adoration s'en va, sonne, sa promesse sonne: «Arrière ces superstitions, ces anciens corps, ces ménages et ces âges. C'est cette époque-ci qui a sombré!»

Il ne s'en ira pas, il ne redescendra pas d'un ciel, il n'accomplira pas la rédemption des colères de femmes et des gaîtés des hommes et de tout ce péché: car c'est fait, lui étant, et étant aimé.

O ses souffles, ses têtes, ses courses; la terrible célérité de la perfection des formes et de l'action.

O fécondité de l'esprit et immensité de l'univers!

Son corps! Le dégagement rêvé le brisement de la grâce croisée de violence nouvelle!

Sa vue, sa vue! tous les agenouillages anciens et les peines *relevés* à sa suite.

Son jour! l'abolition de toutes souffrances sonores et mouvantes dans la musique plus intense.

Son pas! les migrations plus énormes que les anciennes invasions.

O lui et nous! l'orgueil plus bienveillant que les charités perdues.

O monde! et le chant clair des malheurs nouveaux!

GÉNIO

Êle é a afeição e o presente pois fez a casa aberta ao inverno escumoso e ao murmúrio do estio, purificou bebidas e alimentos, ele que é o enleio dos lugares fugidios e a delícia sobre-humana das estações. Ele é a afeição e o porvir, a fôrça e o amor que nós, especados nas nossas raivas e tédios, vemos passar no céu tempestuoso e nos estandartes de êxtase.

Êle é o amor, medida perfeita e reinventada, razão maravilhosa e imprevista, e a eternidade: máquina querida dos atributos fatais. Todos sofremos o terror da sua concessão e o da nossa: ó fruição da nossa própria saúde, impulsão das nossas faculdades, afeição egoísta e amor por ele, ele que nos ama em sua vida infinita...

E nós chamamo-lo e ele viaja... E se a Adoração se esvanece, a sua promessa clama: «Fora com estas superstições, estes corpos antigos, estas camas e idades! Esta é a época que soçobrou!»

Ele não partirá, não voltará a descer de um céu, não consumará a redenção da cólera das mulheres e das alegrias dos homens e de todo este pecado: pois isso já foi feito, sendo ele, e sendo ele amado. Oh o seu sopro, as suas cabeças, as suas corridas: a terrível celeridade da perfeição das formas e da acção.

Ó fecundidade do espírito e imensidade do universo!

O seu corpo! o desprendimento sonhado, o estilhaçar da graça impregnada de violência nova!

Os seus olhos, seus olhos! Todas as antigas genuflexões e penas depois dele *relevadas*.

O seu dia! a abolição de toda a dor sonora e variável na música mais intensa.

O seu passo! migrações mais vastas do que as antigas invasões. Oh ele e nós! orgulho mais benigno do que as caridades perdidas.

Ó mundo! e o canto claro dos novos desastres!

Il nous a connus tous et nous a tous aimés. Sachons, cette nuit d'hiver, de cap en cap, du pôle tumultueux au château, de la foule à la plage, de regards en regards, forces et sentiments las, le héler et le voir, et le renvoyer, et sous les marées et au haut des déserts de neige, suivre ses vues, ses souffles, son corps, son jour.

A todos conheceu e a todos amou. Saibamos, nesta noite de inverno, de cabo em cabo, do pólo tumultuoso ao castelo, da multidão à praia, de olhos para olhos, forças e sentimentos lassos, chamá-lo e vê-lo e deixá-lo partir, e, sob as marés e no cimo dos desertos de neve, seguir o seu olhar, o seu sopro, o seu corpo, o seu dia.

UMA CERVEJA NO INFERNO

—

UNE SAISON EN ENFER

Jadis, si je me souviens bien, ma vie était un festin où s'ouvraient tous le coeurs, où tous les vins coulaient.

Un soir, j'ai assis la Beauté sur mes genoux. — Et je l'ai trouvée amère. — Et je l'ai injuriée.

Je me suis armé contre la justice.

Je me suis enfui. O sorcières, ô misère, ô haine, c'est à vous que mon trésor a été confié!

Je parvins à faire s'évanouir dans mon esprit toute l'espérance humaine. Sur toute joie pour l'étrangler j'ai fait le bond sourd de la bête féroce.

J'ai appelé les bourreaux pour, en périssant, mordre la crosse de leurs fusils. J'ai appelé des fléaux, pour m'étouffer avec le sable, le sang. Le malheur a été mon dieu. Je me suis allongé dans la boue. Je me suis séché à l'air du crime. Et j'ai joué de bons tours à la folie.

Et le printemps m'a apporté l'affreux rire de l'idiot.

Or, tout dernièrement m'étant trouvé sur le point de faire le dernier *couac*! j'ai songé à rechercher la clef du festin ancien, où je reprendrais peut-être appétit.

La charité est cette clef. — Cette inspiration prouve que j'ai rêvé!

«Tu resteras hyène, etc...», se récrie le démon qui me couronna de si aimables pavots. «Gagne la mort avec tous tes appétits, et ton égoïsme et tous les péchés capitaux.»

Ah! j'en ai trop pris: — Mais, cher Satan, je vous en conjure, une prunelle moins irritée! et en attendant les quelques petites lâchetés en retard, vous qui aimez dans l'écrivain l'absence des facultés descriptives ou instructives, je vous détache ces quelques hideux feuillets de mon carnet de damné.

Outrora, se estou bem lembrado, a minha vida era um festim em que todos os corações se abriam, em que todos os vinhos cintilavam.

Uma noite, sentei a Beleza nos meus joelhos. — E vi que era amarga. — E injuriei-a.

Armei-me contra a justiça.

Fugi. Ó feiticeiras, ó miséria, ó ódio, fostes vós a guarda do meu tesoiro!

Consegui destruir em mim toda a esperança. Contra toda a alegria lancei o bote cego da besta feroz. Estranguladas!

E chamei os carrascos para morder, na agonia, a coronha dos fuzis. Conjurei as pragas para sufocar na areia, mergulhar em sangue. O infortúnio foi o meu deus. Estiracei-me na lama. Sequei ao ar do crime. E preguei boas peças à loucura.

E a primavera trouxe-me a terrível risada do idiota.

Ora, ultimamente, prestes a lançar à cara do planeta o derradeiro estalo, lembrei-me de ir buscar a chave do festim (talvez me regressasse o antigo apetite?).

Caridade — é a chave. Uma inspiração destas prova que sonhei! «Permanecerás hiena, etc....», ruge o demónio que me coroava de tão amáveis papoilas. «Morre feliz ao lado dos teus apetites, com todo o teu egoísmo, com todos os melhores pecados capitais.»

Ah! tomei tanto disso... — Mas, meu caro Satã, não carregueis tanto o sobrolho! e enquanto esperais ainda uma que outra miséria vinda atrasada por motivo de obras, vós, que apreciais no escritor a mais selecta ausência de faculdades descritivas ou pedagógicas, aqui tendes para já, especialmente arrancadas, estas odiosas folhas do meu canhenho diário de danado.

MAUVAIS SANG

J'ai de mes ancêtres gaulois l'oeil bleu blanc, la cervelle étroite, et la maladresse dans la lutte. Je trouve mon habillement aussi barbare que le leur. Mais je ne beurre pas ma chevelure.

Les Gaulois étaient les écorcheurs de bêtes, les brûleurs d'herbes les plus ineptes de leur temps.

D'eux, j'ai: l'idolâtrie et l'amour du sacrilège; — oh! tous les vices, colère, luxure, — magnifique, la luxure; — surtout mensonge et paresse.

J'ai horreur de tous les métiers. Maîtres et ouvriers, tous paysans, ignobles. La main à plume vaut la main à charrue. — Quel siècle à mains! — Je n'aurai jamais ma main. Après, la domesticité mène trop loin. L'honnêteté de la mendicité me navre. Les criminels dégoûtent comme des châtrés: moi, je suis intact, et ça m'est égal.

Mais! qui a fait ma langue perfide tellement, qu'elle ait guidé et sauvegardé jusqu'ici ma paresse? Sans me servir pour vivre même de mon corps, et plus oisif que le crapaud, j'ai vécu partout. Pas une famille d'Europe que je ne connaisse. — J'entends des familles comme la mienne, qui tiennent tout de la déclaration des Droits de l'Homme. — J'ai connu chaque fils de famille!

Si j'avais des antécedents à un point quelconque de l'histoire de France!

Mais non, rien.

Il m'est bien évident que j'ai toujours été race inférieure. Je ne puis comprendre la révolte. Ma race ne se souleva jamais que pour piller: tels les loups à la bête qu'ils n'ont pas tuée.

Je me rappelle l'histoire de la France fille aînée de l'Église. J'aurais fait, manant, le voyage de terre sainte; j'ai dans la tête

MAU SANGUE

Tenho dos meus antepassados gauleses os olhos branco--azuis, o cérebro acanhado, a inabilidade na luta. Uso roupa de bárbaro, como eles. Mas não ponho manteiga no cabelo.

Os Gauleses eram os esfoladores de animais, os pirómanos de ervas mais ineptos do seu tempo.

Deles, detenho: a idolatria e o amor do sacrilégio; — oh, sim, todos os vícios, cólera, luxúria, — magnífica, a luxúria; — e, sobretudo, mentira e preguiça.

Abomino todos os modos de vida. Patrões e operários, todos rustres, ignóbeis. A caneta na mão vale a mão na charrua. — Que século de mãos! — Nunca dominarei a minha mão. O culto do doméstico vai longe demais. A honestidade do peditório enerva-me. Os criminosos repugnam-me como castrados: eu, estou intacto e isso é-me indiferente.

Mas! quem fez da minha língua utensílio tão pérfido, tão capaz de guiar e salvaguardar até hoje a minha preguiça? Sem sequer utilizar o corpo, e mais ocioso que o sapo, meti-me por todo o lado. Não há família na Europa que eu não conheça. — Falo de famílias como a minha, que recebem tudo da declaração dos Direitos do Homem. — Conheci cada filho de família!

Se eu tivesse antecedentes em qualquer página da história de França!

Mas, não, nenhum.

É-me bastante claro que fui sempre raça inferior. Não posso entender a revolta. Os da minha espécie só se sublevaram para pilhar: como os lobos perante a alimária que não liquidaram.

Recordo a história de França, filha mais velha da Igreja. Labrego, teria feito viagem à terra santa; andam-me na cabeça

des routes dans les plaines souabes, des vues de Byzance, des remparts de Solyme; le culte de Marie, l'attendrissement sur le crucifié s'éveillent en moi parmi mille féeries profanes. — Je suis assis, lépreux, sur les pots cassés et les orties, au pied d'un mur rongé par de soleil. — Plus tard, reître, j'aurais bivaqué sous les nuits d'Allemagne.

Ah! encore: je danse le sabbat dans une rouge clairière, avec des vieilles et des enfants.

Je ne me souviens pas plus loin que cette terre-ci et le christianisme. Je n'en finirais pas de me revoir dans ce passé. Mais toujours seul; sans famille; même, quelle langue parlais-je? Je ne me vois jamais dans les conseils du Christ; ni dans les conseils des Seigneurs, — représentants du Christ.

Qu'étais-je au siècle dernier: je ne me retrouve qu'aujourd'hui. Plus de vagabonds, plus de guerres vagues. La race inférieure a tout couvert — le peuple, comme on dit, la raison; la nation et la science.

Oh! la science! On a tout repris. Pour le corps et pour l'âme, — le viatique, — on a la médecine et la philosophie, — les remèdes de bonnes femmes et les chansons populaires arrangées. Et les divertissements des princes et les jeux qu'ils interdisaient! Géographie, cosmographie, mécanique, chimie!...

La science, la nouvelle noblesse! Le progrès. Le monde marche! Pourquoi ne tournerait-il pas?

C'est la vision des nombres. Nous allons à *l'Esprit*. C'est très-certain, c'est oracle, ce que je dis. Je comprends, et ne sachant m'expliquer sans paroles païennes, je voudrais me taire.

Le sang païen revient! L'Esprit est proche, pourquoi Christ ne m'aide-t-il pas, en donnant à mon âme noblesse et liberté. Hélas! l'Évangile a passé! l'Évangile! l'Évangile.

J'attends Dieu avec gourmandise. Je suis de race inférieure de toute éternité.

estradas das planícies zuavas, paisagens de Bizâncio, muros de Solyma; o culto de Maria, a piedade ante o Crucificado, despertam em mim entre mil outras seduções profanas. — Estou sentado, leproso, sobre potes de barro ultra-quebrado, direito entre as ortigas, junto a um muro roído pelo sol. — Mais tarde, praça velha, teria bivacado sob as noites da Alemanha.

Ah! ainda: danço o sabat numa clareira vermelha, com velhas e crianças.

Pára neste horizonte e no cristianismo o fio da minha memória. Nunca me cansarei de ver-me neste outrora. Mas sempre só; sem família; e que língua falaria eu? Nunca me vejo nos concílios de Cristo; nem nos concílios dos Senhores — representantes de Cristo.

Que era eu, no século passado?: só hoje me reencontro. Já não há vagabundos, nem guerras errantes. A raça inferior conseguiu tomar tudo — o povo, como se diz, a ração; a nação e a ciência.

Oh! a ciência! Cose roupa velha. Para o corpo e para a alma — o viático — temos a medicina e a filosofia — os remédios das boas das mulheres e as canções populares arranjadas. E os divertimentos dos príncipes e os jogos que eles proibiam! Geografia, cosmografia, mecânica, química!...

Ciência, a nova nobreza! Progresso. O mundo marcha! Porque não haveria de rodar?

É a assumpção do número. Caminhamos para o *Espírito*. É mais que certo, é oráculo o que digo. Eu vejo, e como não sei explicar-me sem palavras pagãs, preferia calar.

O sangue pagão voltou! O Espírito está próximo: por que não me ajuda Cristo, concedendo à minha alma liberdade e nobreza? Ai! surgiu o Evangelho! o Evangelho! o Evangelho.

Espero Deus com glutonaria. Sou para todo o sempre raça inferior.

Me voici sur la plage armoricaine. Que les villes s'allument dans le soir. Ma journée est faite; je quitte l'Europe. L'air marin brûlera mes poumons; les climats perdus me tanneront. Nager, broyer l'herbe, chasser, fumer surtout; boire des liqueurs fortes comme du métal bouillant — comme faisaient ces chers ancêtres autour des feux.

Je reviendrai, avec des membres de fer, la peau sombre, l'oeil furieux: sur mon masque, on me jugera d'une race forte. J'aurai de l'or: je serai oisif et brutal. Les femmes soignent ces féroces infirmes retour des pays chauds. Je serai mêlé aux affaires politiques. Sauvé.

Maintenant je suis maudit, j'ai horreur de la patrie. Le meilleur, c'est un sommeil bien ivre, sur la grève.

On ne part pas. — Reprenons les chemins d'ici, chargé de mon vice, le vice qui a poussé ses racines de souffrance à mon côté, dès l'âge de raison — qui monte au ciel, me bat, me renverse, me traîne.

La dernière innocence et la dernière timidité. C'est dit. Ne pas porter au monde mes dégoûts et mes trahisons.

Allons! La marche, le fardeau, le désert, l'ennui et la colère.

A qui me louer? Quelle bête faut-il adorer? Quelle sainte image attaque-t-on? Quels coeurs briserai-je? Quel mensonge dois-je tenir? — Dans quel sang marcher?

Plutôt, se garder de la justice. — La vie dure, l'abrutissement simple, — soulever, le poing desséché, le couvercle du cercueil, s'asseoir, s'étouffer. Ainsi point de vieillesse, ni de dangers: la terreur n'est pas française.

— Ah! je suis tellement délaissé que j'offre à n'importe quelle divine image des élans vers la perfection.

Eis-me na praia armoricana. Que as cidades cintilem ao anoitecer. A minha jornada está feita: deixo a Europa. O ar do oceano queimará meus pulmões; ignotos climas me bronzearão. Nadar, trincar erva, caçar, fumar, fumar muito; beber licores abrasivos como metal fundente — como faziam os nossos queridos antepassados em volta das fogueiras.

Regressarei, com nervos de ferro, a pele curtida, o olhar irado.

Na minha máscara verão os atributos das raças fortes. Terei ouro: serei indolente e brutal. As mulheres cuidam desses enfermos alucinados que voltam dos países quentes. Terei cadeira nos assuntos políticos. Salvo.

Agora sou um maldito, tenho horror à pátria. O melhor ainda é uma sesta bem bêbeda na praia.

Impossível partir. — Voltemos aos caminhos daqui, carreguemos outra vez com os meus vícios, os vícios que a meu lado, desde que me conheço, plantaram raízes de dor — que trepam até ao céu, fustigam-me, arrastam-me, queimam-me.

A última inocência e a última timidez. Está dito. Não deixarei ao mundo a história da minha náusea e das minhas traições.

Vamos! A marcha, o fardo, o deserto, a cólera e o tédio.

A quem devotar-me? Que animal é preciso adorar? Que imagem santa atacam? Que corações terei de esmagar? Que mentira devo defender? — Através de que sangue tenho de passar?

Sobretudo, andar ao largo da justiça. — Vida dura, embrutecimento simples — erguer, com mão descarnada, a tampa do caixão.

Sentar. Asfixiar. Assim não haverá risco nem velhice: o terror não é francês.

— Ai! estou tão sozinho que ofereço a qualquer ídolo as minhas orações.

O mon abnégation, ô ma charité merveilleuse! ici-bas, pourtant!

De profundis Domine, suis-je bête!

Encore tout enfant, j'admirais le forçat intraitable sur qui se referme toujours le bagne; je visitais les auberges et les garnis qu'il aurait sacrés par son séjour; je voyais *avec son idée* le ciel bleu et le travail fleuri de la campagne; je flairais sa fatalité dans les villes. Il avait plus de force qu'un saint, plus de bon sens qu'un voyageur — et lui, lui seul! pour témoin de sa gloire et de sa raison.

Sur les routes, par des nuits d'hiver, sans gîte, sans habits, sans pain, une voix étreignait mon coeur gelé: «Faiblesse ou force: te voilà, c'est la force. Tu ne sais ni où tu vas ni pourquoi tu vas, entre partout, réponds à tout. On ne te tuera pas plus que si tu étais cadavre. » Au matin j'avais le regard si perdu et la contenance si morte, que ceux que j'ai rencontrés *ne m'ont peut-être pas vu*.

Dans les villes la boue m'apparaissait soudainement rouge et noire, comme une glace quand la lampe circule dans la chambre voisine, comme un trésor dans la forêt! Bonne chance, criais-je, et je voyais une mer de flammes et de fumée au ciel; et, à gauche, à droite, toutes les richesses flambant comme un milliard de tonnerres.

Mais l'orgie et la camaraderie des femmes m'étaient interdites. Pas même un compagnon. Je me voyais devant une foule exaspérée, en face du peloton d'exécution, pleurant du malheur qu'ils n'aient pu comprendre, et pardonnant! — Comme Jeanne d'Arc! — «Prêtres, professeurs, maîtres, vous vous trompez en me livrant à la justice. Je n'ai jamais été de ce peuple-ci; je n'ai jamais été chrétien; je suis de la race qui chantait dans le supplice; je ne comprends pas les lois; je n'ai pas le sens moral, je suis une brute: vous vous trompez...»

Oui, j'ai les yeux fermés à votre lumière. Je suis une bête, un nègre. Mais je puis être sauvé. Vous êtes de faux nègres, vous

Ó minha abnegação, ó minha caridade maravilhosa, na terra, apesar de tudo!

De profundis Domine, que estúpido sou!

Ainda menino, eu admirava o forçado intratável ante o qual se abre sempre a porta da cadeia; percorria os lugares que ele santificara com o seu trabalho; via, *com olhos seus*, o céu azul e a florida laboração da terra; procurava, nas cidades, a sua fatalidade. Ele era mais forte que um santo, mostrava mais bom-senso que um viandante — e era ele, só ele, o único testemunho da sua glória e da sua razão.

Nas estradas, em noites de inverno, sem cama, sem fato, sem pão, uma voz abraçava o meu peito gelado: «Fraqueza ou força: eis-te, é a força. Não sabes onde vais nem por que vais, segue para qualquer lado, acede a tudo. Não te matarão mais do que se já fosses cadáver». De manhã, tinha os olhos tão vagos e o passo tão trôpego que aqueles por quem passei *talvez não me tenham visto.*

Nas cidades, a lama surgia-me alternadamente vermelha e negra, como um espelho quando a luz circula no quarto vizinho, como um tesouro na floresta! Boa sorte! gritava eu, e via um mar de chamas e de fumo no céu; e à direita e à esquerda, todas as pedrarias faiscando como uma catadupa de relâmpagos.

Mas a orgia e a camaradagem das mulheres estavam-me vedadas. Nem sequer um companheiro. Via-me ante uma multidão exasperada, frente ao pelotão de execução, chorando o infortúnio de não ser compreendido, e perdoando! — Como Joana d'Arc! — «Padres, mestres, doutores, enganais-vos entregando-me à justiça. Eu nunca fui esta gente; eu nunca fui cristão; eu sou da raça que cantava no suplício; eu não entendo as leis; não tenho senso moral, sou uma besta: enganais-vos... »

Sim, tenho os olhos cegos para a vossa luz. Sou uma besta, um negro. Mas posso ser salvo. Vós, sois negros de empréstimo,

maniaques, féroces, avares. Marchand, tu es nègre; magistrat, tu es nègre; général, tu es nègre; empereur, vieille démangeaison, tu es nègre: tu as bu d'une liqueur non taxée, de la fabrique de Satan. — Ce peuple est inspiré par la fièvre et le cancer. Infirmes et viellards sont tellement respectables qu'ils demandent à être bouillis. — Le plus malin est de quitter ce continent, où la folie rôde pour pourvoir d'otages ces misérables. J'entre au vrai royaume des enfants de Cham.

Connais-je encore la nature? me connais-je? — *Plus de mots*. J'ensevelis les morts dans mon ventre. Cris, tambour, danse, danse, danse, danse! Je ne vois même pas l'heure où, les blancs débarquant, je tomberai au néant.

Faim, soif, cris, danse, danse, danse, danse!

Les blancs débarquent. Le canon! Il faut se soumettre au baptême, s'habiller, travailler.

J'ai reçu au coeur le coup de grâce. Ah! je ne l'avais pas prévu!

Je n'ai point fait le mal. Les jours vont m'être légers, le repentir me sera épargné. Je n'aurai pas eu les tourments de l'âme presque morte au bien, où remonte la lumière sévère comme les cierges funéraires. Le sort du fils de famille, cercueil prématuré couvert de limpides larmes. Sans doute la débauche est bête, le vice est bête; il faut jeter la pourriture à l'écart. Mais l'horloge ne sera pas arrivée à ne plus sonner que l'heure de la pure douleur! Vais-je être enlevé comme un enfant, pour jouer au paradis dans l'oubli de tout le malheur!

Vite! est-il d'autres vies? — Le sommeil dans la richesse est impossible. La richesse a toujours été bien public. L'amour divin seul octroie les clefs de la science. Je vois que la nature n'est qu'un spectacle de bonté. Adieu chimères, idéals, erreurs.

Le chant raisonnable des anges s'élève du navire sauveur: c'est l'amour divin — Deux amours! je puis mourir de l'amour

todos vós, maníacos, feros, avarentos. Comerciante, és um negro; magistrado, és um negro; general, és um negro; imperador, velha sarna, és um negro; bebeste de um licor não registado, fabrico Satã. — Este povo inspirou-se pela febre e pelo cancro. Velhos e mutilados, todos tão respeitáveis que requerem ser postos em água a ferver. O mais ajuizado será abandonar tal continente onde a loucura ronda em busca de reféns para estes miseráveis.

Entro no vero reino dos filhos de Cam.

Ainda conheço a natureza? conheço-me? — *Basta de palavras*. Sepulto os mortos na barriga. Gritaria, tambor, dança, dança, dança, dança! Nem sequer sei a hora do desembarque dos brancos, que virá precipitar-me no vácuo.

Fome, sede, gritos, dança, dança, dança, dança!

Os brancos desembarcam. O canhão! Urge submeter-nos a baptismo, vestirmo-nos, trabalhar.

Foi pelo coração que recebi o indulto. Ah! não o havia previsto.

Não me entreguei ao mal. Os dias decorrerão ligeiros, o apaziguamento ser-me-á concedido. Serei poupado ao inferno das almas semimortas para o bem, onde a luz é sombria como um círio funeral. Destino do filho-família, prematuro caixão cheio a límpidas lágrimas. O deboche é realmente imbecil, o vício é imbecil; há que expulsar de nós a podridão. Mas o relógio nunca alcançará tocar senão a hora da pura dor! Terei de ser levado a brincar aos paraísos, como uma criança a quem enxugam as lágrimas?

Depressa! — há outras vidas? Na abastança, a paz é impossível. A abastança foi sempre coisa pública. Só o amor divino outorga as chaves da ciência. Vejo que a natureza não é senão espectáculo de bondade. Adeus quimeras, erros, ideais!

O coro razoável dos anjos eleva-se do barco salvador: é o amor divino. — Dois amores! posso morrer de amor terreno, morrer de dedicação! Eu abandonei almas cuja dor redobrará com a

terrestre, mourir de dévouement. J'ai laissé des âmes dont la peine s'accroîtra de mon départ! Vous me choisissez parmi les naufragés; ceux qui restent sont-ils pas mes amis?

Sauvez-les!

La raison m'est née. Le monde est bon. Je bénirai la vie. J'aimerai mes frères. Ce ne sont plus des promesses d'enfance. Ni l'espoir d'échapper à la vieillesse et à la mort. Dieu fait ma force, et je loue Dieu.

L'ennui n'est plus mon amour. Les rages, les débauches, la folie, dont je sais tous les élans et les désastres, — tout mon fardeau est déposé. Apprécions sans vertige l'étendue de mon innocence.

Je ne serais plus capable de demander le réconfort d'une bastonnade. Je ne me crois pas embarqué pour une noce avec Jésus-Christ pour beau-père.

Je ne suis pas prisonnier de ma raison. J'ai dit: Dieu. Je veux la liberté dans le salut: comment la poursuivre? Les goûts frivoles m'ont quitté. Plus besoin de dévouement ni d'amour divin. Je ne regrette pas le siècle des coeurs sensibles. Chacun a sa raison, mépris et charité: je retiens ma place au sommet de cette angélique échelle de bon sens.

Quant au bonheur établi, domestique ou non... non, je ne peux pas. Je suis trop dissipé, trop faible. La vie fleurit par le travail, vieille vérité: moi, ma vie n'est pas assez pesante, elle s'envole et flotte loin au-dessus de l'action, ce cher point du monde.

Comme je deviens vieille fille, à manquer du courage d'aimer la mort!

Si Dieu m'accordait le calme céleste, aérien, la prière, — comme les anciens saints. — les saints! des forts! les anachorètes, des artistes comme il n'en faut plus!

Farce continuelle! Mon innocence me ferait pleurer. La vie est la farce à mener par tous.

minha partida! Escolheis-me entre os náufragos: os que ficam não são os meus amigos?

Salvai-os!

Nasceu-me a razão. O mundo é bom. Abençoarei a vida. Amarei os meus irmãos. Não se trata de juras de menino. Nem de querer escapar à velhice e à morte. Deus faz a minha força e eu louvo Deus.

Viver à míngua, de excesso, já não é comigo. Os saltos, os pinotes, a loucura — de que conheço todos os transportes e desaires o fardo, foi deposto. Apreciemos sem vertigem a extensão da minha inocência.

Já não seria capaz de pedir o conforto de uma bastonada. Não me julgo a trotar em viagem de núpcias com Jesus Cristo ao lado como sogro.

Não sou prisioneiro da minha razão. Disse: Deus. Quero a liberdade na salvação: como alcançá-la? Queimou-se-me de vez a futilaria toda. Acabou-se a fome de abnegação e de amor divino. Não preciso do século dos corações sensíveis. Cada um de *per si*, desprezo e caridade: retenho o meu lugar no alto desta angélica escada de bom-senso.

Quanto à felicidade estabelecida, doméstica ou não... não, isso não posso. Sou por demais disperso, demasiado frágil. A vida floresce pelo trabalho, velha ilustre verdade: mas quanto à *minha vida*, ela não pesa tanto como isso, aflui, flutua, voa para longe, muito acima da acção, esse ponto nevrálgico do mundo.

Estou a ficar para tia, sentado neste medo de não querer a morte.

Se Deus me concedesse a calma celestial, vaporosa, a oração — como os antigos santos. — Os santos! Esses, eram fortes! Ó anacoretas, artistas que hoje em dia deixaram de interessar.

Farsa perpétua! A inocência dar-me-ia lágrimas. A vida é uma farsa com papéis para todos.

Assez! Voici la punition. — *En marche!*

Ah! les poumons brûlent, les tempes grondent! la nuit roule dans mes yeux, par ce soleil! le coeur... les membres...

Où va-t-on? au combat? Je suis faible! les autres avancent. Les outils, les armes... le temps!...

Feu! feu sur moi! Là! Où je me rends. — Lâches! — Je me tue! Je me jette aux pieds des chevaux!

Ah!...

— Je m'y habituerai.

Ce serait la vie française, le sentier de l'honneur!

Basta! eis a punição. — *Em marcha!*

Ah! os pulmões rebentam, as têmporas estalam, a noite rola em meus olhos, com este sol! O coração... os membros...

Para onde vamos? para o combate? Sou fraco! os outros avançam. As armas, as munições... o tempo!

Fogo! fogo sobre mim! Aqui! onde me ergo. — Cobardes! — Mato-me! Lanço-me sob as patas dos cavalos.

Ah!...

— Habituar-me-ia.

Seria a vida francesa, o caminho da honra!

NUIT DE L'ENFER

J'ai avalé une fameuse gorgée de poison. — Trois fois béni soit le conseil qui m'est arrivé! — Les entrailles me brûlent. La violence du venin tord mes membres, me rend difforme, me terrasse. Je meurs de soif, j'étouffe, je ne puis crier. C'est l'enfer, l'éternelle peine! Voyez comme le feu se relève! Je brûle comme il faut. Va, démon!

J'avais entrevu la conversion au bien et au bonheur, le salut. Puis-je décrire la vision, l'air de l'enfer ne souffre pas les hymnes! C'était des millions de créatures charmantes, un suave concert spirituel, la force et la paix, les nobles ambitions, que sais-je?

Les nobles ambitions!

Et c'est encore la vie! — Si la damnation est éternelle! Un homme qui veut se mutiler est bien damné, n'est-ce pas? Je me crois en enfer, donc j'y suis. C'est l'exécution, du catéchisme. Je suis esclave de mon baptême. Parents, vous avez fait mon malheur et vous avez fait le vôtre. Pauvre innocent! — L'enfer ne peut attaquer les païens. — C'est la vie encore! Plus tard, les délices de la damnation seront plus profondes. Un crime, vite, que je tombe au néant, de par la loi humaine.

Tais-toi, mais tais-toi!... C'est la honte, le reproche, ici: Satan qui dit que le feu est ignoble, que ma colère est affreusement sotte. — Assez!... Des erreurs qu'on me souffle, magies, parfums faux, musiques puériles. — Et dire que je tiens la vérité, que je vois la justice: j'ai un jugement sain et arrêté, je suis prêt pour la perfection... Orgueil. — La peau de ma tête se dessèche. Pitié! Seigneur, j'ai peur. J'ai soif, si soif! Ah! l'enfance, l'herbe, la pluie, le lac sur les pierres, *le clair de lune quand le clocher sonnait douze*... le diable est au clocher, à cette heure. Marie! Sainte-Vierge!... — Horreur de ma bêtise.

NOITE DO INFERNO

Engoli uma notável poção de veneno.

— Três vezes seja bendita esta riquíssima ideia! — As entranhas ardem-me. A violência da peçonha galvaniza-me os membros, desfigura-me, atira-me por terra. Morro de sede, sufoco, não posso gritar. É o inferno, a pena capital. Vede como as chamas cobrem tudo! Ardo bastante bem. Aplica-te demónio!

Estava eu a sonhar com uma conversão à ventura e ao bem, a salvação. Poderei descrever tal visão? o ar do inferno não suporta hinos! Eram milhões de criaturas amáveis, um suave conluio espiritual, a força e a paz, as nobres ambições, que sei eu?

As nobres ambições!

E é ainda a vida! — Se a danação é eterna! Um homem que quer mutilar-se está danado e bem danado, não é assim? Imaginar o inferno é ser inferno. É o cumprimento do catecismo. Sou escravo do meu baptismo. Ó família minha, fizestes o meu infortúnio e fizestes o vosso. Coitadinho do inocente! — O inferno não pode engolir os pagãos. — É ainda a vida! Mais tarde, as delícias da danação irão muito mais fundo. Um crime, depressa, que a lei humana me precipite no vácuo.

Cala-te, cala-te... És a vergonha, o bêbedo destas plagas! Satanás diz que o fogo é ignóbil e a tua cólera incrivelmente estúpida. — Parem lá com isso!... asneiras que me vindes bichanar, magias, perfumes falsos, músicas pueris. — E dizer que detenho a verdade, que vejo a justiça: possuo um discernimento são e firme, estou à beira da perfeição... Orgulho. — Esfarelam-me a pele da cabeça. Misericórdia! Senhor, tenho medo. Tenho sede, tanta sede! Ah! a infância, a erva, a chuva, o lago cobrindo as pedras, *o luar quando soava meia-noite na torre* ... àquela hora era o diabo o sineiro. Maria! Virgem Santa!... — Horrorosa idiotia.

Là-bas, ne sont-ce pas des âmes honnêtes, qui me veulent du bien?... Venez... J'ai un oreiller sur la bouche, elles ne m'entendent pas, ce sont des fantômes. Puis, jamais personne ne pense à autrui. Qu'on n'aproche pas. Je sens le roussi, c'est certain.

Les hallucinations sont innombrables. C'est bien ce que j'ai toujours eu: plus de foi en l'histoire, l'oubli des principes. Je m'en tairai: poëtes et visionnaires seraient jaloux. Je suis mille fois le plus riche, soyons avare comme la mer.

Ah çà! l'horloge de la vie s'est arrêtée tout à l'heure. Je ne suis plus au monde. — La théologie est sérieuse, l'enfer est certainement *en bas* — et le ciel en haut. — Extase, cauchemar, sommeil dans un nid de flammes.

Que de malices dans l'attention dans la campagne... Satan, Ferdinand, court avec les graines sauvages... Jésus marche sur les ronces purpurines, sans les courber... Jésus marchait sur les eaux irritées. La lanterne nous le montra debout, blanc et des tresses brunes, au flanc d'une vague d'émeraude...

Je vais dévoiler tous les mystères: mystères religieux ou naturels, mort, naissance, avenir, passé, cosmogonie, néant. Je suis maître en fantasmagories.

Écoutez!...

J'ai tous les talents! — Il n'y a personne ici et il y a quelqu'un: je ne voudrais pas répandre mon trésor. —Veut-on des chants nègres, des danses de houris? Veut-on que je disparaisse, que je plonge à la recherche de l'*anneau*? Veut-on? Je ferai de l'or, des remèdes.

Fiez-vous donc à moi, la foi soulage, guide, guérit. Tous, venez, — même les petits enfants, — que je vous console, qu'on répande pour vous son coeur, — le coeur merveilleux! — Pauvres hommes, travailleurs! Je ne demande pas de prières; avec votre confiance seulement, je serai heureux.

— Et pensons à moi. Ceci me fait peu regretter le monde. J'ai de la chance de ne pas souffrir plus. Ma vie ne fut que folies douces, c'est regrettable.

Lá longe, não há almas sem mácula, capazes de querer-me bem?... Vinde... Tenho um travesseiro na boca, não me ouvem, são fantasmas. De resto, ninguém pensa em ninguém. É melhor que não venham. Cheiro muito a chamusco, com certeza.

As alucinações são inumeráveis: é o que sempre tive, nenhuma fé na história, olvido dos princípios. Calar-me-ei: poetas e sonhadores morreriam de inveja. Sou mil vezes mais rico, sejamos avaros como o mar.

E esta! o relógio da vida parou de repente. Deixei de habitar o mundo. A teologia é a sério, o inferno está sem dúvida alguma *em baixo* e o céu em cima. — Êxtase, pesadelo, sono num ninho de chamas.

Que de habilidades no desenrolar da campanha... Satã, Ferdinando, alinha na corrida das pinhas bravas... Jesus caminha sobre amoras silvestres, sem as esborrachar... Jesus andava sobre as águas revoltas. A candeia mostra-no-lo de pé, de vestes brancas e trança castanha, no flanco de uma vaga cor de esmeralda...

Vou desvendar-vos todos os mistérios: mistérios naturais ou rituais, morte, nascimento, passado, futuro, cosmogonia, vácuo. Escutai!...

Eu tenho todos os talentos que há! — Aqui, não está ninguém e há gente a mais: não quero dividir o meu tesouro. — Quereis cânticos negros, bailarinas huris? Quereis que desapareça, que mergulhe em demanda do *anel*? Quereis? Fabricaria ouro, elixires.

Fiai-vos pois em mim, a fé levanta muito, guia, cura. Vinde todos — e deixai vir também as criancinhas — que eu vos consolarei repartindo por todos o seu coração — o maravilhoso coração! — Pobres homens, trabalhadores. Não vos peço orações: a vossa confiança bastaria para fazer-me feliz.

— E pensemos em mim. Isto liberta-me do sentimento do mundo. Tenho uma certa sorte: podia sofrer mais. A minha vida foi só loucura mansa, é verdade, e é pena.

Bah! faisons toutes les grimaces imaginables.

Décidément, nous sommes hors du monde. Plus aucun son. Mon tact a disparu. Ah! mon château, ma Saxe, mon bois de saules. Les soirs, les matins, les nuits, les jours... Suis-je las!

Je devrais avoir mon enfer pour la colère, mon enfer pour l'orgueil, — et l'enfer de la caresse; un concert d'enfers.

Je meurs de lassitude. C'est le tombeau, je m'en vais aux vers, horreur de l'horreur! Satan, farceur, tu veux me dissoudre, avec tes charmes. Je réclame. Je réclame! un coup de fourche, une goutte de feu.

Ah! remonter à la vie! Jeter les yeux sur nos difformités. Et ce poison, ce baiser mille fois maudit! Ma faiblesse, la cruauté du monde! Mon Dieu, pitié, cachez-moi, je me tiens trop mal! — Je suis caché et je ne le suis pas.

C'est le feu qui se relève avec son damné.

Ora! ensaiemos todas as caretas possíveis.

Decididamente, estamos fora do mundo. Já não se ouve nada. O tacto desapareceu. Ó meu castelo, minha Saxe, meu bosque de salgueiros. As tardes, as manhãs, os dias... Como estou exausto!

Devia ter o meu inferno de ira, o meu inferno de orgulho e o inferno da preguiça; um concerto de infernos.

Morro de lassidão. É o caixão, desço à barataria, horror dos horrores! Satã, farsista, queres pulverizar-me com os teus feitiços. Reclamo! Reclamo! um golpe de forquilha, uma gota de fogo!

Ah! regressar à vida! Contemplar os nossos aleijões. E esse beijo, esse veneno mil vezes maldito! Minha fraqueza, a crueldade do Mundo. Meu Deus, piedade, esconde-me, eu não aguento! — Encubro-me e descubro-me.

É o fogo que se ergue com o seu danado.

DÉLIRES

I
vierge folle
L'époux infernal

Écoutons la confession d'un compagnon d'enfer: «O divin Époux, mon Seigneur, ne refusez pas la confession de la plus triste de vos servantes. Je suis perdue. Je suis soûle. Je suis impure. Quelle vie! «Pardon, divin Seigneur, pardon! Ah! pardon! Que de larmes! Et que de larmes encore plus tard, j'espère!

«Plus tard, je connaîtrai le divin Époux! Je suis née soumise à Lui. — L'autre peut me battre maintenant!

«A présent, je suis au fond du monde! O mes amies!... non, pas mes amies... Jamais délires ni tortures semblables... Est-ce bête!

«Ah! je souffre, je crie. Je souffre vraiment. Tout pourtant m'est permis, chargée du mépris des plus méprisables coeurs.

«Enfin, faisons cette confidence, quitte à la répéter vingt autres fois, — aussi morne, aussi insignifiante!

«Je suis esclave de l'Époux infernal, celui qui a perdu les vierges folles. C'est bien ce démon-là. Ce n'est pas un spectre, ce n'est pas un fantôme. Mais moi qui ai perdu la sagesse, qui suis damnée et morte au monde, — on ne me tuera pas! — Comment vous le décrire! Je ne sais même plus parler. Je suis en deuil, je pleure, j'ai peur. Un peu de fraîcheur, Seigneur, si vous voulez, si vous voulez bien!

«Je suis veuve... — J'étais veuve... mais oui, j'ai été bien sérieuse jadis, et je ne suis pas née pour devenir squelette!... — Lui était presque un enfant... Ses délicatesses mystérieuses m'avaient séduite. J'ai oublié tout mon devoir humain pour le suivre. Quelle vie! La vraie vie est absente. Nous ne sommes pas

DELÍRIOS

I

virgem doida

O esposo infernal

Escutemos a confissão de um companheiro de inferno:

«Ó Divino Esposo, meu Senhor, não recuses a confissão da mais triste das tuas criaturas. Estou perdida. Estou bêbeda. Estou prenha. Que vida!

«Perdão, divino Senhor! perdão! Perdão! Ai, que de lágrimas! E que de lágrimas ainda espero!

«Mais tarde, conhecerei o divino Esposo! — Nasci escrava sua. — Que o outro me espanque agora!

«Neste momento, estou no cabo do mundo! Ó amigas minhas!... qual amigas... Nunca delírios nem torturas destas... É de emparvecer!

«Ai, sofro, grito. Sofro realmente. No entanto, tudo me é permitido, esmagada como estou pelo desprezo dos mais desprezivos corações.

«Enfim, façamos esta confidência, quite de repeti-la mais vinte vezes — sempre assim triste, sempre insignificante.

«Sou escrava do Esposo infernal, aquele que perdeu as virgens doidas. É bem esse demónio. Não, não é um espectro nem um fantasma. Mas a mim que perdi o tino, que fui penada e expulsa do mundo — a mim não me matam! Como explicar-vos isto! Eu já nem sei falar. Ando de luto, choro, tenho medo. Um pouco de ar, Senhor, por vossa mercê, por vossa grande mercê!

«Sou viúva ... — Era viúva ... — mas sim, eu era séria, antigamente, e não nasci para tornar-me esqueleto!... — Ele, era quase uma criança... As suas misteriosas delicadezas seduziram-me. Para segui-lo esqueci todo o dever humano. Que vida! A verdadeira

au monde. Je vais où il va, il le faut. Et souvent il s'emporte contre moi, *moi, la pauvre âme*. Le Démon! — C'est un Démon, vous savez, *ce n'est pas un homme*.

«Il dit: 'Je n'aime pas les femmes. L'amour est à réinventer, on le sait. Elles ne peuvent plus que vouloir une position assurée. La position gagnée, coeur et beauté sont mis de côté: il ne reste que froid dédain, l'aliment du mariage, aujourd'hui. Ou bien je vois des femmes, avec les signes du bonheur, dont, moi, j'aurai pu faire de bonnes camarades, dévorées tout d'abord par des brutes sensibles comme des bûchers...'

«Je l'écoute faisant de l'infamie une gloire, de la cruauté un charme. 'Je suis de race lointaine: mes pères étaient Scandinaves: ils se perçaient les côtes, buvaient leur sang. — Je me ferai des entailles par tout le corps, je me tatouerai, je veux devenir hideux comme un Mongol: tu verras, je hurlerai dans les rues. Je veux devenir bien fou de rage. Ne me montre jamais de bijoux, je ramperais et me tordrais sur le tapis. Ma richesse, je la voudrais tachée de sang partout. Jamais je ne travaillerai...' Plusieurs nuits, son démon me saisissant, nous nous roulions, je luttais avec lui! — Les nuits, souvent, ivre, il se poste dans des rues ou dans des maisons, pour m'épouvanter mortellement. — 'On me coupera vraiment le cou; ce sera degoûtant.' Oh! ces jours où il veut marcher avec l'air du crime!

«Parfois il parle, en une façon de patois attendri, de la mort qui fait repentir, des malheureux qui existent certainement, des travaux pénibles, des départs qui déchirent les coeurs. Dans les bouges où nous nous enivrions, il pleurait en considérant ceux qui nous entouraient, bétail de la misère. Il relevait les ivrognes dans les rues noires. Il avait la pitié d'une mère méchante pour les petits enfants. — Il s'en allait avec des gentillesses de petite fille au catéchisme. — Il feignait d'être éclairé sur tout, commerce, art, médecine. — Je le suivais, il le faut!

vida está ausente. Nós não estamos no mundo. Eu vou ao que ele vai, sou lá precisa. E, às vezes, ele aperta-se todo contra mim, *contra mim, a pobre alma*. O Demónio! É um Demónio, sabeis? *não é um homem*.

«Ele diz: 'Não amo mulheres. O amor está por reinventar, sabemo-lo. Às mulheres só interessa conquistar uma posição segura. Uma vez instaladas nela, coração e beleza são postos à margem: só um frio desdém permanece, alimento do casamento de hoje. Ou então vejo mulheres nas quais brilha a estrela da ventura e de que eu poderia fazer excelentes camaradas. Estas, são devoradas em primeira mão por brutos sensíveis como fogueiras...'

«Oiço-o fazer da infâmia, glória, da crueldade, encanto: 'Sou de raça remota: meus pais eram escandinavos: furavam as costelas, bebiam o próprio sangue. Eu, quero tornar-me horrendo como um mongol, hei-de retalhar o corpo todo, cobri-lo de tatuagens. Verás como urrarei em plena rua. Quero atingir a loucura raivosa. Nunca me mostres jóias, cairia com espasmos de morder o chão. Quem dera que a minha riqueza espirrasse sangue por todos os lados! Nunca trabalharei...' Muitas noites, seu demónio em meu flanco, rolávamos os dois, e eu lutava com ele! — Noutras noites, bêbedo, especa-se na rua ou mesmo dentro das casas, para me aterrar mortalmente. — 'Sabes? Hão-de cortar-me o pescoço; vai ser repugnante.' Oh! os dias em que ele quer andar com ar de crime!

«Às vezes, numa espécie de *patois* delico-doce, fala da morte que conduz ao arrependimento, dos desgraçados que decerto existem, dos trabalhos pesados, das despedidas que dilaceram a alma. Nas espeluncas por onde rodávamos, chorava, considerando os que nos rodeavam, leva da miséria. Socorria bêbedos nas ruas escuras. Tinha ternuras de mãe malvada com os filhinhos. Seguia rua fora com ares de rapariga a caminho do catecismo. — Dizia tudo saber, comércio, arte, medicina. — Eu ia ao que ele ia, que remédio!

«Je voyais tout le décor dont, en esprit, il s'entourait: vêtements, draps, meubles; je lui prêtais des armes, une autre figure. Je voyais tout ce qui le touchait, comme il aurait voulu le créer pour lui. Quand il me semblait avoir l'esprit inerte, je le suivais, moi, dans des actions étranges et compliquées, loin, bonnes ou mauvaises: j'étais sûre de ne jamais entrer dans son monde. A côté de son cher corps endormi, que d'heures des nuits j'ai veillé, cherchant pourquoi il voulait tant s'évader de la réalité. Jamais homme n'eut pareil voeu. Je reconnaissais, — sans craindre pour lui, — qu'il pouvait être un sérieux danger dans la société. — Il a peut-être des secrets pour *changer la vie*? Non, il ne fait qu'en chercher, me répliquais-je. Enfin sa charité est ensorcelée, et j'en suis la prisonnière. Aucune autre âme n'aurait assez de force, — force de désespoir! — pour la supporter, — pour être protégée et aimée par lui. D'ailleurs, je ne me le figurais pas avec une autre âme: on voit son Ange, jamais l'Ange d'un autre, — je crois. J'étais dans son âme comme dans un palais qu'on a vidé pour ne pas voir une personne si peu noble que vous: voilà tout. Hélas! je dépendais bien de lui. Mais que voulait-il avec mon existence terne et lâche? Il ne me rendait pas meilleure, s'il ne me faisait pas mourir! Tristement dépitée, je lui dis quelquefois: 'Je te comprends.' Il haussait les épaules.

«Ainsi, mon chagrin se renouvelant sans cesse, et me trouvant plus égarée à mes yeux, — comme à tous les yeux qui auraient voulu me fixer, si je n'eusse été condamnée pour jamais à l'oubli de tous! — j'avais de plus en plus faim de sa bonté. Avec ses baisers et ses étreintes amies, c'était bien un ciel, un sombre ciel, où j'entrais, et où j'aurais voulu être laissée, pauvre, sourde, muette, aveugle. Déjà j'en prenais l'habitude. Je nous voyais comme deux bons enfants, libres de se promener dans le Paradis de tristesse. Nous nous accordions. Bien émus, nous travaillions ensemble. Mais, après une pénétrante caresse, il disait: 'Comme ça te paraîtra drôle, quand je n'y serai plus, ce par quoi tu as

«Via todo o arsenal de que ele, em espírito, se rodeava: fatos, móveis, lençóis. Em tudo o que lhe interessava, via eu o que ele desejaria ver. Quando me parecia que o seu espírito repousava, punha-me a continuá-lo, eu, em actos estranhos e complicados, distantes, bons ou maus; estava perfeitamente segura de que nunca entraria no seu mundo. Junto ao amado corpo adormecido, quantas horas da noite passei tentando compreender porque queria ele, com tanta obstinação, fugir do mundo real. Nunca homem algum fez semelhante voto. Advertia-me — sem temer por ele — de que podia tornar-se um sério perigo para a sociedade. — Possui, talvez, segredos para *transformar a vida*? Não, não faz mais que buscá-los, concluía eu. Enfim, a sua caridade está embruxada e tem-me prisioneira. Que outro ser que não eu teria força bastante — força de desespero! — para se deixar amar e conduzir por ele. De resto, nunca lhe atribuí outra maneira de alma: vemos o nosso Anjo, não o Anjo de outros — creio. Eu era na sua alma como num palácio cuidadosamente desocupado, não fosse alguém tropeçar em pessoa tão mesquinha: eis tudo. Ah! dependia muitíssimo dele! Mas ele, o que é que ele queria da minha vida viscosa e insípida? Não me tornava melhor, se não me fazia morrer! Tristemente despeitada, disse-lhe, algumas vezes: 'Compreendo-te.' Ele encolhia os ombros.

«Assim, vítima de desgostos sempre crescentes e cada vez mais perdida de mim própria — como de quem tentasse reconhecer-me, se eu não estivesse há muito condenada ao esquecimento total — mais e mais fome tinha da sua bondade. Com os seus beijos e os seus abraços amigos ele abria-me um céu, um céu sombrio, o céu onde eu entrava, o céu onde eu quereria ser abandonada, mísera, surda, muda, cega. E, a isso, já eu me habituava. Éramos já, em mim, duas boas crianças que tinham recebido uma grande licença de planar sem cuidados num Paraíso de penas. Conciliávamo-nos. Profundamente emocionados, trabalhávamos juntos. Porém, depois de uma penetrante carícia, ele dizia: 'Quando eu

passé. Quand tu n'auras plus mes bras sous ton cou, ni mon coeur pour t'y reposer, ni cette bouche sur tes yeux. Parce qu'il faudra que je m'en aille, très loin, un jour. Puis il faut que j'en aide d'autres: c'est mon devoir. Quoique ce ne soit guère ragoûtant..., chère âme...' Tout de suite je me pressentais, lui parti, en proie au vertige, précipitée dans l'ombre la plus affreuse: la mort. Je lui faisais promettre qu'il ne me lâcherait pas. Il l'a faite vingt fois, cette promesse d'amant. C'était aussi frivole que moi lui disant: 'Je te comprends.'

«Ah! je n'ai jamais été jalouse de lui. Il ne me quittera pas, je crois. Que devenir? Il n'a pas une connaissance; il ne travaillera jamais. Il veut vivre somnambule. Seules, sa bonté et sa charité lui donneraient-elles droit dans le monde réel? Par instants, j'oublie la pitié où je suis tombée: lui me rendra forte, nous voyagerons, nous chasserons dans les déserts, nous dormirons sur les pavés des villes inconnues, sans soins, sans peines. Ou je me réveillerai, et les lois et les moeurs auront changé, — grâce à son pouvoir magique, — le monde, en restant le même, me laissera à mes désirs, joies, nonchalances. Oh! la vie d'aventures qui existe dans les livres des enfants, pour me récompenser, j'ai tant souffert, me la donneras-tu? Il ne peut pas. J'ignore son idéal. Il m'a dit avoir des regrets, des espoirs: cela ne doit pas me regarder. Parle-t-il à Dieu? Peut-être devrais-je m'adresser à Dieu. Je suis au plus profond de l'abîme, et je ne sais plus prier.

«S'il m'expliquait ses tristesses, les comprendrais-je plus que ses railleries? Il m'attaque, il passe des heures a me faire honte de tout ce qui m'a pu toucher au monde, et s'indigne si je pleure.

«— Tu vois cet élégant jeune homme, entrant dans la belle et calme maison: il s'appelle Duval, Dufour, Armand, Maurice, que sais-je? Une femme s'est dévouée à aimer ce méchant idiot: elle est morte, c'est certes une sainte au ciel, à présent. Tu me feras mourir comme il a fait mourir cette femme. C'est notre sort, à nous, coeurs charitables...» Helas! il avait des jours où tous les

te deixar, hão-de parecer-te estranhas todas estas coisas por que tens passado. Quando já não tiveres os meus braços sob a tua nuca, nem o meu peito para tua almofada, nem esta boca em cima dos teus olhos. Porque é preciso que eu me vá, um dia, para bem longe. Tenho de ajudar outros: é a minha obrigação. Ainda que isso não seja muito agradável... alma querida...' Imediatamente, imaginava a sua ausência, e sentia-me resvalar no abismo, precipitada na mais terrível escuridão: a morte. Obrigava-o a prometer que nunca me abandonaria. Vinte vezes a fez, essa promessa de amante. Era tão ridículo como eu a dizer-lhe: 'Compreendo-te'!

«Ah, nunca tive um ciúme por ele. Não o vejo capaz de me deixar. Que iria ele fazer? Não é pessoa para ter relações; não quer saber do trabalho. Aspira a uma vida sonâmbula. A sua bondade e a sua caridade seriam, por si sós, capazes de abrir-lhe um caminho no mundo real? Por momentos, esqueço a miséria que me subverteu: ele far-me-á forte, viajaremos, caçaremos no deserto, dormiremos nas lajes de cidades desconhecidas, sem cuidados, sem medos. Ou: acordo, e os costumes e as leis foram modificados — por obra sua — e o mundo, permanecendo o mesmo, deixou de condenar os meus desejos, as minhas alegrias e desprazeres. Oh, a vida de aventuras que começa nos livros das crianças, nunca ma darás? sofri tanto, era uma recompensa. Não, não pode dar-ma. Ignoro os seus projectos. Disse-me, um dia, que alimentava uma esperança, que sentia um pesar: nada disso deve ser comigo. Falará ele a Deus? Talvez eu mesma deva dirigir-me a Deus. Toquei a profundeza maior do abismo, e já não sei rezar.

«Se ele me contasse as suas desventuras, compreendê-las-ia melhor do que os seus sarcasmos? Ele cola-se a mim e passa horas a envergonhar-me de tudo o que foi o meu quinhão no mundo, e fica furioso se desato a chorar.

«— Vês esse elegante jovem que vai entrar numa bela e aprazível moradia: chama-se Duval, Dufour, Armand, Maurice, que sei eu? Uma mulher deu todo o seu amor a esse péssimo idiota:

hommes agissant lui paraissaient les jouets de délires grotesques; il riait affreusement, longtemps. — Puis, il reprenait ses manières de jeune mère, de soeur aimée. S'il était moins sauvage, nous serions sauvés! Mais sa douceur aussi est mortelle. Je lui suis soumise. — Ah! je suis folle!

«Un jour peut-être il disparaîtra merveilleusement; mais il faut que je sache, s'il doit remonter à un ciel, que je voie un peu l'assomption de mon petit ami!»

Drôle de ménage!

II
alchimie du verbe

A moi. L'histoire d'une de mes folies.

Depuis longtemps je me vantais de posséder tous les paysages possibles, et trouvais dérisoires les célébrités de la peinture et de la poésie moderne.

J'aimais les peintures idiotes, dessus de portes, décors, toiles de saltimbanques, enseignes, enluminures populaires; la littérature démodée, latin d'église, livres érotiques sans orthographe, romans de nos aïeules, contes de fées, petits livres de l'enfance, opéras vieux, refrains niais, rythmes naïfs.

Je rêvais croisades, voyages, de découvertes dont on n'a pas de relations, républiques sans histoires, guerres de religion étouffées, révolutions de moeurs, déplacements de races et de continents: je croyais à tous les enchantements.

J'inventai la couleur des voyelles! — **A** noir, **E** blanc, **I** rouge, **O** bleu, **U** vert. — Je réglai la forme et le mouvement de chaque consonne, et, avec des rythmes instinctifs, je me flattai d'inventer un verbe poétique accessible, un jour ou l'autre, à tous les sens. Je réservais la traduction.

está morta, é com certeza, agora, uma santa no céu. Tu hás-de ser a causa da minha morte, como ele o foi da morte dessa mulher. É o nosso fado, o fado dos corações compassivos...» Ai! Havia dias em que todos os homens de trabalho lhe pareciam fantoches em contorções delirantes; e ria um riso horrível, consecutivo. Depois, reassumia os seus modos de mãe juvenil, de irmã muito amada. Fosse ele menos selvagem e estaríamos salvos! Mas até a sua meiguice é mortal. Eu sirvo-lhe de escrava. — Ai, estou doida!

«Talvez ele desapareça, por maravilha, um dia: preciso de saber se irá para algum céu, quero ver, mesmo de longe, a assunção do meu querido!» Que casal ventoso!

II
alquimia do verbo

A mim. A história de uma das minhas folias.

Há muito que eu me gabava de conhecer todas as paisagens possíveis, e ridicularizava as celebridades da pintura e da poesia moderna.

Gostava de pinturas pategas, painéis de portas, cenários, telas de saltimbanco, tabuletas, gravuras populares; literatura anacrónica, latim de igreja, livros eróticos sem ortografia, rimances, contos de fadas, histórias de meninos, óperas barbadas, rifões saloios, ritmos ingénuos.

Sonhava cruzadas, viagens a descobertas que não deixaram crónica, repúblicas sem história, lutas religiosas esmagadas, revoluções de costumes, migrações de raças e de continentes: acreditava em todas as magias.

Inventei a cor das vogais! — **A** negro, **E** branco, **I** vermelho, **O** azul, **U** verde. — Regrei a forma e o movimento de cada consoante e, com ritmos instintivos, gabei-me de ter criado um verbo poético mais dia menos dia acessível a todos. Reservei a tradução.

Ce fut d'abord une étude. J'écrivais des silences, des nuits, je notais l'inexprimable. Je fixais des vertiges.

Loin des oiseaux, des troupeaux, des villageoises,
Que buvais-je, à genoux dans cette bruyère
Entourée de tendres bois de noisetiers,
Dans un brouillard d'après-midi tiède et vert?

Que pouvais-je boire dans cette jeune Oise,
— Ormeaux sans voix, gazon sans fleurs, ciel couvert! —

Boire à ces gourdes jaunes, loin de ma case
Chérie? Quelque liqueur d'or qui fait suer.

Je faisais une louche enseigne d'auberge.
— Un orage vint chasser le ciel. Au soir
L'eau des bois se perdait sur les sables vierges,
Le vent de Dieu jetait des glaçons aux mares;

Pleurant, je voyais de l'or — et ne pus boire.

A quatre heures du matin, l'été,
Le sommeil d'amour dure encore.
Sous les bocages s'évapore
        L'odeur du soir fêté.

Là-bas, dans leur vaste chantier
Au soleil des Hespérides,
Déjà s'agitent — en bras de chemise —
        Les Charpentiers.

Ao princípio, era apenas um exercício. Escrevia silêncios, anotava o inexprimível. Captava vertigens.

Alugando pássaros, pedaços de pele, povoados,
Que busco eu, alheio ao sossego e à esteira?
Em ondas de ternura bebo afogados
Séculos de murmúrio, ajoelhado na areia.

Que piolho eu beberia noutro rio marata?
— Copo de oiro sem voz, flores de gás, céu alvar! —

Beber por calabaças, fora da minha cubata?
Só se for o licor que a terra faz ao mar.

Ergui minha choupana em foz daninha.
— Rosa de areia! Sangue! Jubileus! —
A água do rio levou-me oiro e vinha,
(Nos lameiros, passava a mão de Deus)

E eu chorava, eu via — oiros! — nunca sereis meus!

Às quatro horas o mastro de neve
Descansa do amor entre brandas avenas.
Na nudez de Bocácio Eva escreve
Uma noite de veias serenas.

Lasso, baço, num vasto coral
De rugas e olhos e sóis improfícuos
Sobe o rio o clamor matinal
Dos Carros Oblíquos.

Dans leurs Déserts de mousse, tranquilles,
Ils préparent les lambris précieux
Où la ville
Peindra de faux cieux.

O, pour ces Ouvriers charmants
Sujets d'un roi de Babylone,
Vénus! quitte un instant les Amants
Dont l'âme est en couronne.

O Reine des Bergers,
Porte aux travailleurs l'eau-de-vie,
Que leurs forces soient en paix
En attendant le bain dans la mer à midi.

La vieillerie poétique avait une bonne part dans mon alchimie du verbe.

Je m'habituai à l'hallucination simple: je voyais très franchement une mosquée à la place d'une usine, une école de tambours faite par des anges, des calèches sur les routes du ciel, un salon au fond d'un lac; les monstres, les mystères; un titre de vaudeville dressait des épouvantes devant moi.

Puis j'expliquai mes sophismes magiques avec l'hallucination des mots!

Je finis par trouver sacré le désordre de mon esprit. J'étais oisif, en proie à une lourde fièvre: j'enviais la félicité des bêtes, — les chenilles, qui représentent l'innocence des limbes, les taupes, le sommeil de la virginité!

Mon caractère s'aigrissait. Je disais adieu au monde dans d'espèces de romances:

Para o festim de chocolate, ébrios de claridade,
Eles vestem antecipadamente lambris pré-celestes
Cidade
De pão, bandeiras, declives, homens.

Para estes operários, veículo de tantos
Rios interiores a um rei da Babilónia,
Ó Vénus, deixa por momentos as almas
Estagnadas como pântanos no coração do Ródano.

Ó Guia dos pastores
Dá aos trabalhadores a ode viva.
Que a sua força seja como seda pacífica
— Um acto no caminho do amargo banho do meio-dia.

O ferro-velho poético fornecia muita mão-de-obra à minha alquimia do verbo.

Habituei-me à alucinação simples: onde se erguia uma fábrica via eu, com a maior naturalidade, uma mesquita, uma escola de tambores chefiada por anjos, caleches nas estradas do céu, um salão no fundo de um lago; um título de opereta erguia diante de mim figuras tenebrosas.

Depois, explicava os meus sofismas mágicos com a alucinação das palavras!

Acabei por sacralizar a desordem do meu espírito. Inoculado de ócio, vítima de febres devastadores, invejava a felicidade dos animais: as larvas, que prefiguram a inocência dos limbos, as toupeiras, o sono da virgindade!

O meu humor azedava. Dizia adeus ao mundo em romances especiosos:

chanson de la plus haute tour

Qu'il vienne, qu'il vienne,
Le temps dont on s'éprenne.

J'ai tant fait patience
Qu'à jamais j'oublie.
Craintes et souffrances
Aux cieux sont parties.

Et la soif malsaine
Obscurcit mes veines.

Qu'il vienne, qu'il vienne,
Le temps dont on s'éprenne.

Telle la prairie
A l'oubli livrée,
Grandie, et fleurie
D'encens et d'ivraies,
Au bourdon farouche
Des sales mouches.

Qu'il vienne, qu'il vienne,
Le temps dont on s'éprenne.

J'aimai le désert, les vergers brûlés, les boutiques fanées, les boissons tiédies. Je me traînais dans les ruelles puantes et, les yeux fermés, je m'offrais au soleil, dieu de feu.

«Général, s'il reste un vieux canon sur tes remparts en ruine, bombarde-nous avec des blocs de terre sèche. Aux glaces des magasins splendides! dans les salons! Fais manger sa poussière à la ville. Oxyde les gargouilles. Emplis les boudoirs de poudre de rubis brûlante...»

canção da mais alta torre

Que venha, que venha
O tempo da apanha.

Eu esperei tanto
Que tudo esqueci.
As raivas, o pranto
Acabam-se aqui.

E uma sede langue
Escurece-me o sangue.

Que venha, que venha
O tempo da apanha.

Como o descampado
De flores de abandono
Coberto, deixado
Ao incenso e ao sono,
Para voos atrozes
De moscas ferozes.

Que venha, que venha
O tempo da apanha.

Amava o deserto, os vergéis queimados, os quiosques falidos, as bebidas reles. Arrastava-me por ruelas fétidas e, de olhos fechados, oferecia-me ao sol, deus de fogo.

«General, se ainda há um canhão nas tuas linhas destroçadas, bombardeia-nos com torrões de argila. Visa os escaparates dos armazéns esplêndidos! os salões! Faz com que a cidade coma a sua poeira. Oxida-lhe as gárgulas. Espalha pelos toucadores pó de rubi ardente...»

Oh! le moucheron enivré à la pissotière de l'auberge, amoureux de la bourrache, et que dissout un rayon!

faim

Si j'ai du goût, ce n'est guère
Que pour la terre et les pierres.
Je déjeune toujours d'air,
De roc, de charbons, de fer.

Mes faims, tournez. Paissez, faims,
    Le pré des sons.
Attirez le gai venin
    Des liserons.

Mangez les cailloux qu'on brise,
Les vieilles pierres d'églises;
Les galets des vieux déluges,
Pains semés dans les vallées grises.

Le loup criait sous les feuilles
En crachant les belles plumes
De son repas de volailles:
Comme lui je me consume.

Les salades, les fruits
N'attendent que la cueillette;
Mais l'araignée de la haie
Ne mange que des violettes.

Que je dorme! que je bouille
Aux autels de Salomon.
Le bouillon court sur la rouille,
Et se mêle au Cédron.

Oh! o mosquito ébrio no urinol do albergue, poeta da borragem, e que um raio de sol desvanece!

fome

Eu já só tenho apetite
Para comer terra e pirite.
Ao desjejum tomo ar,
Rocha, pedra, água do mar.

Ó fome, caminha, anda, fome
    Pelas aldeolas.
O alegre veneno come
    Das papoulas.

Monda sarrafos do rio,
Lajes de igreja poluídas;
Sobras de dilúvio frio;
Pão semeado em searas perdidas.

O lobo uivava às ervinhas
Escarrando o penado sumo
Do seu jantar de galinhas:
Como ele me consumo.

Os legumes, as latadas,
Só esperam a colheita;
Mas a aranha das tapadas
Essa, vive de violetas.

Que eu durma! ou vá a cozer
Nas aras de Salomão.
O caldo põe-se a ferver
E mistura-se ao Cedrão.

Enfin, ô bonheur, ô raison, j'écartais du ciel l'azur, qui est du noir, et je vécus, étincelle d'or de la lumière *nature*. De joie, je prenais une expression bouffonne et égarée au possible:

Elle est retrouvée!
Quoi? l'éternité.
C'est la mer mêlée
Au soleil.

Mon âme éternelle,
Observe ton voeu
Malgré la nuit seule
Et le jour en feu.

Donc tu te dégages
Des humains suffrages,
Des communs élans!
Tu voles selon...

— Jamais l'espérance,
Pas d'*orietur*.
Science et patience,
Le supplice est sur.

Plus de lendemain,
Braises de satin,
Votre ardeur
Est le devoir.

Elle est retrouvée!
— Quoi! — l'Éternité.
C'est la mer mêlée
Au soleil.

Por fim, ó ventura, ó razão, tirei do céu o azul, que é negro, e fui centelha de oiro da luz *natural*. Eufórico, assumia um verbo impossivelmente burlesco e extraviado:

Perdeu-se. Buscai.
Quem? A Idade de Ouro.
É o acre infuso,
Água, olhos, terra.

Ó minh'alma, eterna
Manhã, tem teu voto,
Que só contra a noite
É jurado o fogo.

Por isso te ergues
Da mesa do mundo.
Das madres, dos seres,
Tens o que és...

Mas nunca, a esperança
De rumo nenhum.
Ciência e insciência.
O alto é o baixo.

Sumiu-se o simpósio
Das cinzas ao cabo;
A arte a relógio
É a parte do diabo.

Perdeu-se. Buscai.
Quem? A Idade de Ouro.
É o acre infuso,
Água, olhos, terra.

Je devins un opéra fabuleux: je vis que tous les êtres ont une fatalité de bonheur: l'action n'est pas la vie, mais une façon de gâcher quelque force, un énervement. La morale est la faiblesse de la cervelle.

A chaque être, plusieurs *autres* vies me semblaient dues. Ce monsieur ne sait ce qu'il fait: il est un ange. Cette famille est une nichée de chiens. Devant plusiers hommes, je causai tout haut avec un moment d'une de leurs autres vies. — Ainsi, j'ai aimé un porc.

Aucun des sophismes de la folie, — la folie qu'on enferme, — n'a été oublié par moi: je pourrais les redire tous, je tiens le système.

Ma santé fut menacée. La terreur venait. Je tombais dans des sommeils de plusieurs jours, et, levé, je continuais les rêves les plus tristes. J'étais mûr pour le trépas, et par une route de dangers ma faiblesse me menait aux confins du monde et de la Cimmérie, patrie de l'ombre et des tourbillons.

Je dus voyager, distraire les enchantements assemblés sur mon cerveau. Sur la mer, que j'aimais comme si elle eût dû me laver d'une souillure, je voyais se lever la croix consolatrice. J'avais été damné par l'arc-en-ciel. Le Bonheur était ma fatalité, mon remords, mon ver: ma vie serait toujours trop immense pour être dévouée à la force et à la beauté.

Le Bonheur! Sa dent, douce à la mort, m'avertissait au chant du coq, — *ad matutinum*, au *Christus venit*, — dans les plus sombres villes:

O saisons, ô châteaux!
Quelle âme est sans défauts?

J'ai fait la magique étude
Du bonheur, qu'aucun n'élude.

Fui ópera fabulosa: vi que a todos os seres cabe um iniludível quinhão de felicidade: a acção não é a vida, mas uma maneira de frustrar qualquer força, uma disestesia. A moral é uma fraqueza na cabeça.

A cada ser, muitas *outras* vidas me pareciam devidas. Este senhor não sabe o que faz: é um anjo. Esta família é uma matilha de cães. Em presença de muitas pessoas, falei em voz alta com momentos das suas outras vidas. — Assim: amei um porco.

Nenhum dos sofismas da loucura — a loucura que se hospicializa — foi por mim esquecido: poderia repeti-los todos, conservo a patente.

A minha saúde perigou. Sobreveio o terror. Caía num sono de pedra, dias seguidos, e ao despertar não cessavam os sonhos acabrunhantes. Estava às portas da morte, e a minha extrema debilidade levava-me, por estradas de precípios, aos confins do mundo e da Ciméria, pátria da sombra e dos turbilhões.

Tive que viajar, dissipar os fantasmas que me povoavam a mente.

Sobre o mar, que amava como se ele fosse lavar minhas nódoas, eu via erguer-se a cruz consoladora. Eu fora condenado pelo arco-íris. A Ventura era a minha fatalidade, o meu remorso, o meu verme: a minha vida seria sempre por demais desmedida para poder abraçar a beleza e a força.

A Ventura! Seu espinho, pajem da morte, surpreendia-me ao cantar do galo — *ad matutinam,* **ao** *Christus venit,* — nas mais sombrias cidades:

Esta cerveja! essa rua!
A miséria que isto sua!

Mas trago o curso perfeito
Da ventura, dentro do peito.

Salut à lui, chaque fois
Que chante le coq gaulois.

Ah! je n'aurai plus d'envie:
Il s'est chargé de ma vie.

Ce charme a pris âme et corps
Et dispersé les efforts.

O saisons, ô châteaux!

L'heure de sa fuite, hélas!
Sera l'heure du trépas.

O saisons, ô châteaux!

Cela s'est passé. Je sais aujourd'hui saluer la beauté.

Saudemo-lo cada vez
Que cantar o galo gaulês.

Ah, é tarefa cumprida:
Está dono da minha vida.

Levou-me alma, corpo, escorços
E dispensa-me de esforços.

Esta cerveja! essa rua!

A hora da fuga, ó sorte,
Será a hora da morte.

Esta cerveja! Essa rua!

Tudo isto *foi*. Hoje, sei saudar a beleza.

L'IMPOSSIBLE

Ah! cette vie de mon enfance, la grande route par touts les temps, sobre surnaturellement, plus désintéressé que le meilleur des mendiants, fier de n'avoir ni pays, ni amis, quelle sottise c'était. — Et je m'en aperçois seulement!

— J'ai eu raison de mépriser ces bonshommes qui ne perdraient pas l'occasion d'une caresse, parasites de la propreté et de la santé de nos femmes, aujourd'hui qu'elles sont si peu d'accord avec nous.

J'ai eu raison dans tous mes dédains: puisque je m'évade!

Je m'évade!

Je m'explique.

Hier encore, je soupirais: «Ciel! sommes-nous assez de damnés ici-bas! Moi, j'ai tant de temps déjà dans leur troupe! Je les connais tous. Nous nous reconnaissons toujours; nous nous dégoûtons. La charité nos est inconnue. Mais nous sommes polis; nos relations avec le monde sont très-convenables.» Est-ce étonnant? Le monde! les marchands, les naïfs! — Nous ne sommes pas déshonorés. — Mais les élus, comment nous recevraient-ils? Or il y a des gens hargneux et joyeux, de faux élus, puisqu'il nous faut de l'audace ou de l'humilité pour les aborder. Ce sont les seuls élus. Ce ne sont pas des bénisseurs!

M'étant retrouvé deux sous de raison ça passe vite! — je vois que mes malaises viennent de ne m'être pas figuré assez tôt que nous sommes à l'Occident. Les marais occidentaux! Non que je croie la lumière altérée, la forme exténuée, le mouvement égaré... Bon! voici que mon esprit veut absolument se charger de tous les développements cruels qu'a subis l'esprit depuis la fin de l'Orient... Il en veut, mon esprit!

... Mes deux sous de raisons sont finis! — L'esprit est autorité, il veut que je sois en Occident. Il faudrait le faire taire pour conclure comme je voulais.

O IMPOSSÍVEL

Ah, a tal minha infância, a grande estrada aberta à chuva e ao bom tempo, sobrenaturalmente sóbria, mais altruísta que o melhor dos mendigos, orgulhosa de não ter lar nem amigos, que parvoíce foi! — E começo, apenas, a aperceber-me disso.

— Tive razão ao desprezar esses tipos que não podem perder uma carícia, parasitas da higiene e da saúde das nossas mulheres, hoje que elas se entendem tão pouco connosco.

Todos os meus desprezos me deram razão: por isso me evado! Evado-me!

Explico-me.

Ainda ontem, eu suspirava: «Céu! não somos já bastantes a fumegar cá em baixo! Já fiz tanto serviço nesta tropa! Conheço-os a todos. Aliás, reconhecemo-nos sempre; detestamo-nos. A caridade é-nos coisa remota. Mas somos delicados; as nossas relações com o mundo são as mais convenientes.» É caso de espantar? O mundo! os do negócio, os trouxas! — Não nos desonrámos. — Como nos receberiam, porém, os eleitos? Porque há gente intratável e jovial, falsos eleitos, pois para abordá-los é-nos mister audácia ou humildade. São os únicos eleitos. Não são abençoadores!

Tendo recobrado dez réis de razão — isto vai-se num pronto! — apercebo-me de que as minhas atribuições vêm de não me ter lembrado antes de que estamos no Ocidente. Os pântanos ocidentais! Não que eu creia a luz alterada, a força extinta, o movimento perdido... Bom! eis que o meu espírito resolveu carregar com todas as cruéis evoluções que o espírito sofreu desde o fim do Oriente... Anseia por isso, o meu espírito!

... Acabaram-se os dez réis de razão! — O espírito é autoridade, exige que eu esteja no Ocidente. Para concluir o meu conto, haveria que fazê-lo calar.

J'envoyais au diable les palmes des martyrs, les rayons de l'art, l'orgueil des inventeurs, l'ardeur des pillards; je retournais à l'Orient et à la sagesse première et éternelle. — Il paraît que c'est un rêve de paresse grossière!

Pourtant, je ne songeais guère au plaisir d'échapper aux souffrances modernes. Je n'avais pas en vue la sagesse bâtarde du Coran. — Mais n'y a-t-il pas un supplice réel en ce que, depuis cette déclaration de la science, le christianisme, l'homme *se joue*, se prouve les évidences, se gonfle du plaisir de répéter ces preuves, et ne vit que comme cela! Torture subtile, niaise; source de mes divagations spirituelles. La nature pourrait s'ennuyer, peut-être! M. Prudhomme est né avec le Christ.

N'est-ce pas parce que nous cultivons la brume! Nous mangeons la fièvre avec nos légumes aqueux. Et l'ivrognerie! et le tabac! et l'ignorance! et les dévouements! — Tout cela est-il assez loin de la pensée, de la sagesse de l'Orient, la patrie primitive? Pourquoi un monde moderne, si de pareils poisons s'inventent!

Les gens d'Église diront: C'est compris. Mais vous voulez parler de l'Éden. Rien pour vous dans l'histoire des peuples orientaux. C'est vrai; c'est à l'Éden que je songeais! Qu'est-ce que c'est pour mon rêve, cette pureté des races antiques!

Les philosophes: Le monde n'a pas d'âge. L'humanité se déplace, simplement. Vous êtes en Occident, mais libre d'habiter dans votre Orient, quelque ancien qu'il vous le faille, — et d'y habiter bien. Ne soyez pas un vaincu. Philosophes, vous êtes de votre Occident.

Mon esprit, prends garde. Pas de partis de salut violents. Exerce-toi! — Ah! la science ne va pas assez vite pour nous!

— Mais je m'aperçois que mon esprit dort.

S'il était bien éveillé toujours à partir de ce moment, nous serions bientôt à la vérité, qui peut-être nous entoure avec ses anges pleurant!... — S'il avait été éveillé jusqu'à ce moment-ci, c'est que je n'aurais pas cédé aux instincts délétères, à une

Mandaria ao diabo as palmas dos mártires, os prestígios da arte, o orgulho dos inventores, o entusiasmo dos gatunos; regressava ao Oriente, à sabedoria eterna e primordial. — Parece que isto são sonhos de preguiçoso...

No entanto, não pensava na delícia de escapar aos sofrimentos modernos. Não tinha em mira a sabedoria bastarda do Alcorão. — Mas não é um autêntico suplício isto de andar o homem, desde esse superior manifesto da ciência, o cristianismo, a *jogar-se*, a acumular provas, a inchar no gozo de repeti-las, e a não poder viver senão assim? Tortura subtil, e tola; fonte das minhas divagações espirituais. Talvez a natureza se impaciente, um dia. O doutor Cebola nasceu com o Cristo.

Porque nós semeamos bruma! Comemos a febre com os nossos legumes aquosos! E a bebedeira! e o tabaco! e a ignorância! e as dedicações! Andaremos suficientemente ao largo do pensamento da sabedoria do Oriente, a pátria primeira? Porquê um mundo moderno, se se inventam tais venenos!

As gentes d'Igreja dirão: Pois é. O senhor está a falar do Paraíso.

Não há nada para si na história dos povos orientais. — É verdade; sonhava com o Paraíso! Que importância tem para o meu sonho esta pureza das raças antigas!

Os filósofos: O mundo não tem idade. A humanidade desloca-se, simplesmente. Vivemos no Ocidente, mas o senhor é livre de habitar o seu Oriente, por muito carunchoso que o requeira — e de habitá-lo bem. Não se dê por vencido. Filósofos, vós sois do vosso Ocidente.

Meu espírito, toma cuidado. Nada de soluções violentas. Exercita-te! — Ah, a ciência não é bastante rápida para nós!

— Mas agora reparo que o meu espírito dorme.

Se a partir deste momento ele definitivamente acordasse, depressa alcançaríamos a verdade, que talvez nos esteja rodeando, com os seus anjos em pranto... Se tivesse chegado

époque immémoriale!… — S'il avait toujours été bien éveillé, je voguerais en pleine sagesse!…

O pureté! pureté!

C'est cette minute d'éveil qui m'a donné la vision de la pureté! — Par l'esprit on va à Dieu!

Déchirante infortune!

até aqui desperto, então eu não cedera a instintos deletérios, em época imemorial!... — Se tivesse vivido sempre bem alerta, estava eu a vogar em plena sabedoria!...

Ó pureza! pureza!

É por este minuto de vigília que se me revela a visão da pureza! — Pelo espírito, vai-se a Deus!

Dilacerante infortúnio!

L'ÉCLAIR

Le travail humain! c'est l'explosion qui éclaire mon abîme de temps en temps.

«Rien n'est vanité; à la science, et en avant!» crie l'Ecclésiaste moderne, c'est-à-dire *Tout le monde*. Et pourtant les cadavres des méchants et des fainéants tombent sur le coeur des autres... Ah! vite, vite un peu; là-bas, par delà la nuit, ces récompenses futures, éternelles... les échappons-nous?...

— Qu'y puis-je? Je connais le travail; et la science est trop lente. Que la prière galope et que la lumière gronde... je le vois bien. C'est trop simple, et il fait trop chaud; on se passera de moi. J'ai mon devoir, j'en serai fier à la façon de plusieurs, en le mettant de côté.

Ma vie est usée. Allons! feignons, fainéantons, ô pitié! Et nous existerons en nous amusant, en révant amours monstres et univers fantastiques, en nous plaignant et en querellant les apparences du monde, saltimbanque, mendiant, artiste, bandit, — prêtre! Sur mon lit d'hôpital, l'odeur de l'encens m'est revenue si puissante; gardien des aromates sacrés, confesseur, martyr...

Je reconnais là ma sale éducation d'enfance. Puis quoi!... Aller mes vingt ans, si les autres vont vingt ans...

Non! non! à présent je me révolte contre la mort! Le travail paraît trop léger à mon orgueil: ma trahison au monde serait un supplice trop court. Au dernier moment, j'attaquerais à droite, à gauche...

Alors, — oh! chère pauvre âme, l'éternité serait-elle pas perdue pour nous!

O RELÂMPAGO

O trabalho humano! explosão que ilumina de quando em quando o meu abismo.

«Nada é vaidade; pela ciência, marchar», grita o Eclesiastes moderno, isto é, *Toda a Gente*. E no entanto os cadáveres dos maus e dos vadios caem em cima do coração dos outros... Ah! depressa, depressa, depressa um pouco; lá longe, além da noite, as recompensas futuras... eternas... fugir-nos-ão?

— Que lhe hei-de fazer? Conheço o trabalho, e a ciência é por demais vagarosa. Que a oração galopa e a luz atroa... vejo eu bem. É demasiado simples e faz muito calor; haverão de dispensar-me. Tenho o meu dever e, como tantos outros, sentir-me-ei orgulhoso de lhe passar de lado.

Está gasta, a minha vida. É andar, enganemos, vagabundeemos, ó piedade! Existiremos em diversão perpétua, sonhando amores monstruosos e universos fantásticos, chorando-nos e discutindo a aparência das coisas, saltimbanco, pedinte, artista, bandido — padre! No meu leito de hospital visitou-me de novo um forte odor a incenso: guardião dos aromáticos sagrados, mártir, confessor...

Reconheço em tal cheiro a porca educação da minha infância. Ora!... Ir meus vinte anos, se outros vão vinte anos...

Não! Não! Agora, insurjo-me contra a morte! Para o meu orgulho o trabalho não basta: atraiçoar o mundo seria uma tortura demasiado breve. No último momento, atacaria, à direita, à esquerda...

E então, ó minha alma, morreria para nós a eternidade!

MATIN

N'eus-je pas *une fois* une jeunesse aimable, héroïque, fabuleuse, à écrire sur des feuilles d'or, — trop de chance! Par quel crime, par quelle erreur, ai-je mérité ma faiblesse actuelle? Vous qui prétendez que des bêtes poussent des sanglots de chagrin, que des malades désespèrent, que des morts rêvent mal, tâchez de raconter ma chute et mon sommeil. Moi, je ne puis pas plus m'expliquer que le mendiant avec ses continuels *Pater* et *Ave Maria. Je ne sais plus parler!*

Pourtant, aujourd'hui, je crois avoir fini la relation de mon enfer. C'était bien l'enfer; l'ancien, celui dont le fils de l'homme ouvrit les portes.

Du même désert, à la même nuit, toujours mes yeux las se réveillent à l'étoile d'argent, toujours, sans que s'émeuvent les Rois de la vie, les trois mages, le coeur, l'âme, l'esprit. Quand irons-nous, par delà les grèves et les monts, saluer la naissance du travail nouveau, la sagesse nouvelle, la fuite des tyrans et des démons, la fin de la superstition, adorer — les premiers! — Noël sur la terre!

Le chant des cieux, la marche des peuples! Esclaves, ne maudissons pas la vie.

MANHÃ

Fui eu que tive, *um dia*, uma juventude adorável, heróica, fabulosa, digna de ser escrita em lâminas de oiro? — excessiva ventura! Por que crime, por que erro mereço a minha fraqueza de hoje? Vós, que julgais que os bichos soluçam de dor, que os doentes desesperam, que a morte tem pesadelos, contai a minha queda e o meu estupor. Eu, não me explico melhor do que um pedinte a entaramelar *Paters* e *Ave-Marias*. *Já não sei falar!*

No entanto, creio ter findo hoje a relação do meu inferno. Era bem o inferno; o antigo, aquele a que o filho do homem escancarou os portais.

No mesmo deserto, sob a mesma noite, sempre os meus olhos lassos se levantam para a estrela de prata, sem que os Reis da vida, os três magos, coração, alma, espírito, respondam. Quando iremos, para além dos desertos e dos montes, saudar o nascimento do trabalho novo, a nova sabedoria, a queda dos tiranos e dos demónios, o fim da superstição, adorar — nós os primeiros! — o Natal sobre a terra!

O cantar dos céus, a marcha dos povos! Escravos, não amaldiçoemos a vida!

ADIEU

L'automne déjà! — Mais pourquoi regretter un éternel soleil, si nous sommes engagés à la découverte de la clarté divine, — loin des gens qui meurent sur les saisons.

L'automne. Notre barque élevée dans les brumes immobiles tourne vers le port de la misère, la cité énorme au ciel taché de feu et de boue. Ah! les haillons pourris, le pain trempé de pluie, l'ivresse, les mille amours qui m'ont crucifié! Elle ne finira donc point cette goule reine de millions d'âmes et de corps morts *et qui seront jugés*! Je me revois la peau rongée par la boue et la peste, des vers plein les cheveux et les aisselles et encore de plus gros vers dans le coeur, étendu parmi les inconnus sans âge, sans sentiment... J'aurais pu y mourir... L'affreuse évocation! J'exècre la misère.

Et je redoute l'hiver parce que c'est la saison du confort!

— Quelquefois je vois au ciel des plages sans fin couvertes de blanches nations en joie. Un grand vaisseau d'or, au-dessus de moi, agite ses pavillons multicolores sous les brises du matin. J'ai créé toutes les fêtes, tous les triomphes, tous les drames. J'ai essayé d'inventer de nouvelles fleurs, de nouveaux astres, de nouvelles chairs, de nouvelles langues. J'ai cru acquérir des pouvoirs surnaturels. Eh bien! je dois enterrer mon imagination et mes souvenirs! Une belle gloire d'artiste et de conteur emportée!

Moi! moi qui me suis dit mage ou ange, dispensé de toute morale, je suis rendu au sol, avec un devoir à chercher, et la réalité rugueuse à étreindre! Paysan!

Suis-je trompé? la charité serait-elle soeur de la mort, pour moi?

Enfin, je demanderai pardon pour m'être nourri de mensonge. Et allons.

Mais pas une main amie! et où puiser le secours?

ADEUS

Já, o outono! — Mas porque desejar um sol eterno, se partimos à descoberta da claridade divina — longe daqueles que florescem e morrem com as estações.

O outono. A barca ascendida à imobilidade das brumas regressa agora ao porto da miséria, cidade imensa, imenso céu traçado de fogo e de lama. Ah! os farrapos podres, o pão encharcado de chuva, a bebedeira, os mil amores que me crucificaram! Então não findará jamais este vampiro, este tirano de milhões de almas e de corpos mortos *e que serão julgados*! Revejo-me: a pele roída pela peste e pela lama, a cabeça e os sovacos repletos de piolhos, não tão gordos, não tantos como os que me roíam o coração, deitado entre desconhecidos de idade incerta, de sentimentos incertos... Podia ter ficado ali... Pavorosa evocação! Detesto a miséria.

E temo o inverno por ser a estação do conforto!

— Às vezes, vejo no céu praias sem fim povoadas de nações em júbilo. Sobre a minha cabeça, um barco de oiro, imenso, desfralda os seus pavilhões multicores, ao vento da manhã. Criei todas as feéries, todas as vitórias, todos os dramas. Experimentei novas flores, novos astros, novas carnes, novas linguagens. Julguei que adquirira poderes sobrenaturais. Pois bem! Vou enterrar a minha imaginação e as minhas memórias! Uma bela glória de artista e de prosador raptada!

Eu! eu que me sagrei mago, que me disse anjo, que me outorguei dispensa de toda a moral, fui atirado ao chão, com deveres a cumprir, com uma ensarilhada realidade a viver! Saloio!

Iludo-me? A caridade seria para mim irmã da morte?

Enfim, pedirei perdão por ter crescido na mentira. E partamos.

Mas nem uma mão amiga! e onde acharia socorro?

Oui, l'heure nouvelle est au moins très-sévere.

Car je puis dire que la victoire m'est acquise: les grincements de dents, les sifflements de feu, les soupirs empestés se modèrent. Tous les souvenirs immondes s'effacent. Mes derniers regrets détalent, — des jalousies pour les mendiants, les brigands, les amis de la mort, les arriérés de toutes sortes. — Damnés, si je me vengeais!

Il faut être absolument moderne.

Point de cantiques: tenir le pas gagné. Dure nuit! le sang séché fume sur ma face, et je n'ai rien derrière moi, que cet horrible arbrisseau!... Le combat spirituel est aussi brutal que la bataille d'hommes; mais la vision de la justice est le plaisir de Dieu seul.

Cependant c'est la veille. Recevons tous les influx de vigueur et de tendresse réelle. Et à l'aurore, armés d'une ardente patience, nous entrerons aux splendides villes.

Que parlais-je de main amie! Un bel avantage, c'est que je puis rire des vieilles amours mensongères, et frapper de honte ces couples menteurs, — j'ai vu l'enfer des femmes là-bas; — et il me sera loisible de *posséder la vérité dans une âme et un corps*.

Avril-août, 1873.

Sim, a nova hora é pelo menos extremamente ríspida.

Pois posso dizer que a vitória me foi dada: os rangeres de dentes, os silvos de fogo, os ais pestilentos moderam-se. Apagam-se todas as imagens sórdidas. Esvaem-se os meus derradeiros queixumes — invejas de mendigos, de salteadores, de pregadores de morte, de retardados de todas as espécies. — Danados, se eu me vingasse!

Há que ser absolutamente moderno. Nada de cânticos. Manter o passo ganho.

Dura noite! o sangue seco fumega na minha face e empós mim nada vem senão este horrível arbusto!... O combate espiritual é tão brutal como as batalhas de homens; mas a visão da justiça é prazer que só a Deus pertence.

No entanto, chegámos à velada de armas. Recebamos todos os influxos de vigor e de ternura real. E, ao raiar da aurora, armados de ardente paciência, haveremos de entrar nas cidades esplêndidas.

E eu que ainda falava de mãos amigas! Força é que posso rir dos velhos amores embusteiros, e cobrir de vergonha essas duplas de hipócritas — vi lá longe o inferno das mulheres — e ser-me-á dado *possuir a verdade numa alma e num corpo.*

Abril-Agosto, 1873.

APRESENTAÇÃO, APÊNDICE, NOTAS AO TEXTO E NOTA DO TRADUTOR

—

NA PRIMEIRA EDIÇÃO DE
UMA CERVEJA NO INFERNO
(**UMA ÉPOCA NO INFERNO**)
PORTUGÁLIA EDITORA
LISBOA, 1960.

BREVE APRESENTAÇÃO À GUISA DE PREFÁCIO

De Dante diz Boccaccio que as mulheres de Verona, vendo-o cruzar as ruas imerso em meditações, o apontavam murmurando: «Olha esse que vai ao Inferno e volta quando lhe apetece.» De Rimbaud poderia dizer-se que, tentando escapar ao inferno teológico, fechou sobre si as portas do inferno na terra. O inferno *en essencia, presencia y potencia*. Não por acaso vem Quevedo as bailas infernais, aqui, e por Rimbaud: «Escrutei o Inferno com muita atenção, e pareceu-me notável coisa. Disse-me a Morte: que olhas? — Olho — respondi — o Inferno. E parece-me que já o vira antes. — Onde? — perguntou. — Onde? — respondi —: na cupidez dos juízes, no ódio dos poderosos, nas línguas dos maldizentes, nas más intenções, nas vinganças, nos apetites dos luxuriosos, na vaidade dos príncipes...»

Olha esse que vai ao Inferno e volta quando lhe apetece! Rimbaud não voltou do seu inferno. Apenas, na hora da agonia, e pode crer-se sem mal que a muita instância da irmã (de sangue) que lhe guardava o leito, admite confessar-se e ingerir Jesus Cristo, em corpo e em alma. A comunhão, para «o mais belo de todos os demónios», tal o descobre Verlaine, em francês. E ainda aqui é preciso pensar atentamente as perguntas tenebrosas, carbúnculo no centro do diamante, que Isabel Rimbaud, plena de afã católico, revela à mãe do poeta na carta escrita após a «conversão»: «Tu es du même sang que moi; crois-tu, dis, crois-tu?»... «Nous pouvons bien avoir la même âme, puisque nous avons le même sang.» Nem médicos nem irmã entendem o seu «delírio»: «On me croit fou; et toi, le crois-tu? »

O padre confessor sai atarantado do seu exercício: «...je n'ai jamais vu de foi de cette qualité!» Mas ninguém crê que tenha voltado a vê-la. Este delírio de fé, esta qualidade, não é,

ainda, a da admoestação final de *Une Saison*, dita pela mesma boca às mesmas orelhas distantes: «Vós que julgais que os bichos soluçam de dor, que os doentes desesperam, que a morte tem pesadelos...»? E não é Isabel Rimbaud quem representa a primor, na última cena do tremendo acto de fé que é a vida de Rimbaud, o papel da Virgem Doida, no texto de *Une Saison*: «...quero ver, mesmo de longe, a assumpção do meu querido (irmão)!»?

Perseguido, foi-o Rimbaud até às fezes. Pelo seu demónio interior, falto de caridade — de amor, diríamos nós —, pela mãe, atenta e «inflexível como setenta e três administrações», diz o adolescente aos dezassete anos, por Verlaine, crocodilo escondido com as lágrimas de fora («Verlaine chegou (...) Três horas depois, tínhamos renegado o seu deus e feito sangrar as 98 plagas de N. S.», escreve o homem, aos vinte e um), pela sede e pela fome — personagens centrais, personagens morais de *Une Saison* — pela «inabilidade na luta»; pelas interpretações, correrias, polícias, sugestões, compreensões e incompreensões, mutilações, conversões, contribuições e falsificações, com que, a cento e seis anos do nascimento do poeta, se continua a discutir a sua passagem por cima dos escaparates dos livreiros. Charles Etiemble deu-nos já uma curiosa recolha dos mitos abertos aos letrados europeus pela voz e pelo silêncio de Rimbaud: são ao milhar, os títulos e os safanões. Sem esquecer, como é justo, que também Etiemble depõe a sua versão, avessa à de Mallarmé. Na edição estabelecida por Rolland de Renéville e Jules Mouquet para a Gallimard, a obra de Rimbaud ocupa 248 das 885 páginas que formam o volume: o excedente serve a mitificação universal de Rimbaud.

Isto terá só a ver com o remorso, com a pancada de sino nos distraídos, ou anda aqui uma estranha alegria, uma grandíssima satisfação? Marca indelével de uma civilização que vitima para glorificar e a que primeiro pertencem as velozes sandálias de Tristão e Isolda, o amor auto-móvel, para começar.

Dissemos que a morte de Rimbaud de algum modo aponta para uma apoteose de eucaristias: o amor do Vidente, o amor de Jesus, «multidão enfim reunida». Não tanto assim, afinal. O algures pormenor técnico, o quanta, entra na história e decide de toda a ocorrência: «...o capelão não pôde dar-lhe a comunhão. Primeiro, receia impressioná-lo demasiadamente (!). Depois, Arthur escarrava muito nesse momento, não podia ter nada na boca — tivemos medo dum sacrilégio involuntário». Tivemos medo dum sacrilégio involuntário!! Mas então estavam todos diabolicamente inteligentes naquele quarto de hospital?!... Findemos: «...Lúcido, vai morrendo numa espécie de sonho contínuo: diz coisas estranhas, docemente, numa voz que me encantaria se não me confrangesse o coração. Relata sonhos não é nada que se pareça com os delírios da febre. Dir-se-ia que fala conscientemente.»

Nós cremos que Rimbaud falava conscientemente, e não o afirmamos por aparato simbólico. É que Rimbaud nunca falou doutro modo. Esta paródia eucarística imposta por uma irmã em estado de confusão, não forneceria mais do que o desencontro último do poeta com as potências de fé que sobre ele incidiam. Tal desencontro, é toda a poesia moderna a reivindicá-lo como consciente, orgulhoso ponto de partida. E se insistimos um tanto em palavras atrozes, proferidas em momentos facilmente atrozes, é porque elas resumem todo o avatar com que o poeta cerca, para nós, a verdade da sua fuga e do seu silêncio. E porque atrocidade, no mais cruel sentido teatral do atroz, é bem o que inicia, entremeia e acaba a aventura espiritual de Jean-Arthur Rimbaud.

APÊNDICE

Une Saison en Enfer, datada de Abril-Agosto de 1873, foi escrita em Roche, parcial ou totalmente, durante um dos surtos campestres e familiares de Rimbaud. Este surto é entremeado pelas últimas viagens com Verlaine — Londres, Bruxelas — à data dos trágicos acontecimentos que separariam irremediavelmente os dois amigos.

Composta e impressa em Bruxelas, pela casa *Poot et Cie.*, a tiragem não foi levantada nem enviada ao autor, que a não pagara antecipadamente, tendo este recebido apenas alguns exemplares, pelo correio. A quase totalidade da edição foi descoberta em 1901 por um advogado belga, bibliófilo, que procurava nos armazéns da firma citada um número especial de *La Belgique Judiciaire*.

Discutiu-se durante algum tempo a cronologia de *Une Saison* relativamente às «Iluminações». Aventou-se também, e também em contracorrente com a própria evidência da obra rimbaudiana, a hipótese de haver escritos, ou tentativa disso, verso ou prosa, do período das viagens pela Abissínia, Harar, Dankalis e Somália. Hoje, é indubitável ser *Une Saison* o testamento espiritual de Rimbaud. Com esta obra, *dies irae* de dois mil anos de civilização, o autor, que conta então dezanove anos, abandona para sempre a literatura.

NOTAS AO TEXTO

PÁG. 114

(*Un soir, j'ai assis la Beauté sur mes genoux. — Et je l'ai trouvée amère.*)

«A beleza convulsiva será erótica-velada, explosiva-fixa, mágica-circunstancial, ou perecerá», proclama André Breton, em 1937.

PÁG. 116

(*Les Gaulois étaient les écorcheurs de bêtes, les brûleurs d'herbes les plus ineptes de leur temps.*)

«Quando se julgam suficientemente preparados, incendeiam todas as suas cidades, em número de doze, todos os seus burgos, em número de quatrocentos, e todas as habitações particulares: e queimam todo o trigo que não podem levar, a fim de que, destruídas todas as possibilidades de retrocesso, se ofereçam ao perigo com valentia maior.» Júlio César, *Comentários sobre as Guerras da Gália*.

PÁG. 116

(*... j'ai vécu partout. Pas une famille d'Europe que je ne connaisse.*)

Itinerários europeus de Rimbaud:

1870, 29 DE AGOSTO: com dezasseis anos, deixa Charleville pela primeira vez, adquirindo uma passagem para Charleroi. Aí chegado, deixa-se seguir para Paris, provavelmente na esperança de assistir à queda do governo imperial. A companhia exige o pagamento do excesso de portagem (13 francos) e Rimbaud, sem

dinheiro, é preso em Mazan. Resgatado por Izambard, a quem escreveu pedindo auxílio, regressa a Charleville.

Dez dias depois, nova fuga, a pé: Bruxelas. A senhora Rimbaud procede ao regresso do filho.

1871, FEVEREIRO: Paris. Regressa a pé a Charleville, atravessando as linhas prussianas. Setembro: nova ida a Paris. É recolhido por Verlaine, que o aloja em sua casa.

1872, JANEIRO: mudança imposta pela mulher de Verlaine. Março: regresso a Charleville. Julho: Bélgica e Inglaterra, com Verlaine. Dezembro: regresso a Charleville.

1873, JANEIRO: visita a Verlaine, doente em Londres. Abril: estágio em Roche, onde começa a escrever *Une Saison en Enfer*. Maio: nova visita a Verlaine, em Bouillon. Viagem dos dois poetas a Londres. Fuga de Verlaine para Bruxelas. Chegada a Bruxelas de Rimbaud. Cena de tiros. Verlaine vai para a cadeia (Mons). Rimbaud volta para Roche, onde termina *Une Saison* e, com ela, toda a actividade literária.

1874: passagem por Paris e partida, para Londres, com Germain Nouveau, onde vive um ano leccionando francês.

1875: Alemanha, Suíça, Itália, Marselha, Charleville.

1876: Holanda, Batávia, Bordéus, Charleville.

1877: Viena, Charleville; Holanda, Hamburgo, Suécia, Dinamarca, Marselha, Alexandria, Roma, Charleville.

1878: Hamburgo, Charleville; Suíça, S. Gotardo-LuganoGénova (a pé), Alexandria, Chipre.

1879, JUNHO: regresso a Charleville.

1880: volta a Chipre. Parte para o Egipto e chega a Aden a 7 de Agosto.

PÁG. 122

(*...ceux que j'ai rencontrés ne m'ont peut-être pas vu.*)

«Não o conheci mas vi-o, uma vez, num desses jantares

literários organizados durante o princípio da guerra — o «*Repasto dos Pobres Bonifrates*» — por antífrase, decerto, ao retrato que Verlaine dedicou ao conviva: «O homem era de estatura elevada, bem constituído, quase atlético, rosto perfeitamente oval de anjo em exílio, cabelos castanho-claros em desalinho e olhos de um azul pálido inquietante.» Com um não sei quê de orgulhosamente emproado, ou, mordazmente, de rapariga do povo, acrescento, lavadeira de profissão nas mãos enormes, marcadas de frieiras vermelhas pelas passagens de água quente a fria. As quais, nos pulsos de um rapaz, fariam pensar em profissões mais terríveis. Soube que elas tinham autografado belos versos, não publicados: a boca despreziva e escarninha, não recitou nenhum. » Stéphane Mallarmé, *Divagations*, 1896.

PÁG. 122

(*Dans les villes la boue m'apparaissait soudainement rouge et noire...*)

Nas Iluminações («Infância», estrofe IV):

A lama é vermelha ou negra. Cidade monstruosa, noite sem fim!

PÁG. 124

(*Ce peuple est inspiré par la fièvre et le cancer.*)

«A minha cidade natal é superiormente idiota entre as pequenas cidades de província. Creia que, sobre isto, não tenho ilusões. Porque vive na vizinhança de Mézières — cidade com que ninguém topa —, porque vê peregrinar pelas ruas duas ou três centenas de galispos, esta benita população gesticula, aldrabonamente mosqueteira, de modo bem diferente ao dos sitiados de Metz e de Estrasburgo. Aterrador, os merceeiros vestindo uniforme! Espantoso, o que isto tem de canino, os notários, os vidreiros, os preceptores, os marceneiros que, fuzis sobre o peito, fazem

patrutilhismo às portas de Mézières: a minha pátria ergue-se!... Prefiro vê-la sentada: não mexam com as botas! é o meu lema., Rimbaud, carta a G. Izambard, 25 de Agosto de 1870.

PÁG. 124

(*J'entre au vrai royaume des enfants de Cham.*)

Cam: segundo filho de Noé. A sua descendência reinou em Babilónia e em Nínive. — Génesis.

PÁG. 128

(*Ce serait la vie française, le sentier de l'honneur!*)

«Desejo ardentemente que as Ardenas sejam ocupadas e afligidas com imoderação cada vez maior», Rimbaud, carta a E. Delahaye, Junho de 1872.

PÁG. 130

(*Parents, vous avez fait mon malheur et vous avez fait le vôtre.*

No primeiro borrão: *On a abusé de mon innocence. Oh! l'idée du baptême.*)

Como indicativo do conservadorismo beato dos Rimbaud é suficiente a carta da mãe do poeta a Isabel Rimbaud, em 20 de Maio de 1900: «Minha filha / Que vos direi? Há criaturas destinadas a todos os sofrimentos da vida: eu sou uma delas. Ontem, sábado, procederam à exumação das cinzas da minha pobre Vitalie: e, como eu expressamente proibi que lhes tocassem, chamaram-me às cinco da tarde. Quando cheguei, o caixão já fora aberto. Tirei todos os ossos e todas as carnes apodrecidas, a que chamam cinzas; nenhum osso estava partido, mas todos eles estavam desligados uns aos outros, dado que a carne apodrecera. No entanto, ainda havia costelas ligadas, a duas e a três, mantendo-se nestas a forma do peito. O crânio,

absolutamente intacto, ainda revestido de pele, ainda revestido de pele deteriorada, e com muitos minúsculos cabelos finíssimos, tão finos que a custo se viam. / Puz todos estes despojos num vasto lençol muito branco que para isso levara, e coloquei-os num bom caixão de carvalho»...

Na não menos suficiente carta do «Dia Nefasto», da mesma à mesma, uma semana depois: «Charleville, 1 de Junho de 1900 / Minha filha / Estou tomada de um contentamento interior impossível de descrever: sinto que fiz a vontade de Deus. / O coval está feito, e bem feito; mas não, em absoluto, como eu ideara. O meu lugar está aprontado, no meio dos meus queridos desaparecidos: o caixão ficará entre o do meu bom pai e o da minha querida Vitalie, à direita, e o do meu pobre Arthur, à minha esquerda. (...) Antes de colocarem a pedra de entrada, a que chamam porta, e que tem cinquenta centímetros quadrados, à justa para a passagem do caixão, quis visitá-lo ainda uma vez, para verificar se tudo estava em ordem. Os trabalhadores desceram-me docemente até ao fundo do coval: uns seguravam-me pelos ombros, os outros, pelos pés. Tudo está em ordem: foi neste momento que coloquei a cruz e o ramo de buxo. A saída do coval foi mais difícil, pois é muito fundo; mas estes homens são muito hábeis, e retiraram-me bem, embora com esforço.»

PÁG. 132

(Satan, Ferdinand...)
Nota do Autor, na edição original:
Ferdinando é um nome que dão a Satã, nas Ardenas.

PÁG. 136

(Je suis esclave de l'Époux infernal...)
A crueldade com que Verlaine é retratado em vários passos

da confissão da «Virgem Doida» — personagem de inferno algumas vezes dupla, pois ora nos apresenta uma caricatura, hedionda, de Rimbaud, ora outra, bufona, de Verlaine — é com certeza mais do que uma vingança de adolescente à saída, embora também muito se pareça com isso. Que a razão rimbaldiana seria de signo adverso à do mestre simbolista, «satânico doutor», prova-o, para além dos dissídios que fizeram história, a ultra-agitada gestação do poema *Crimen Amoris*, escrito por Verlaine na cadeia de Mons, sob a obsediante *presença* do amigo perdido. Na forma dada como definitiva, poema foi incluído na recolha de *Jadis et Naguère* onde não sendo único a documentar o convívio dos dois poetas é visivelmente o de mais graves ressonâncias. Verlaine dá-nos o retrato *falante* do seu companheiro de estrada, pondo na boca de um dos anjos caídos (no poema): — «*Le plus beau entre tous ces mauvais anges*» (qui) «*avait seize ans sous sa couronne de fleurs*» — boa parte da reivindicação humanista de Rimbaud. Ora o poema tem quatro versões progressivamente discordantes, progressivamente limando as arestas, por demais vivas, do discurso demoníaco. A «verlainização» do poema é radical:

Vous le saviez, qu'il n'est point de différence
Entre ce que vous dénommez Bien et Mal,
Qu'au fond des deux vous n'avez que la souffrance,
Je veux briser ce pacte trop anormal

dá lugar a:

Nous avons tous trop souffert, anges et hommes
De ce conflit entre le Pite et le Mieux.
Humillions, misérables que nous sommes
Tous nos élans dans le plus simple des voeux.

e:

Il ne faut plus de ce schisme abominable!
Il ne faut plus d'enfer ni de paradis!
Il faut l'Amour, meure Dieu, meure le Diable!
Il faut que le bonheur soit seul, je vous dis!

muda-se em:

Ô vous tous, ô nous tous, ô les pécheurs tristes
Ô les gais Saints, pourquoi ce schisme têtu?
Que n'avons nous fait, en habiles artistes,
De nos travaux la seule et même vertu.

A isto respondia Rimbaud, por antecipação, no poema *Honte*, de 1872:

Tant que la lame n'aura
Pas coupé cette cervelle
Ce paquet blanc, vert et gras,
À vapeur jamais nouvelle...

PÁG. 146

(Loin des oiseaux, des troupeaux, des villageoises...)

Traduzido por Cabala fonética. Com a tradução por Cabala fonética dos primeiro, segundo e sexto poemas rimados e metrificados de *Une Saison en Enfer*, pretendeu-se: «captar uma vertigem». Justificação literária: nenhuma. Justificativa moral: devolver o poeta a um dos importantes factores da alucinação poética no próprio momento em que, exausto, abandona a alucinação poética. Não tentamos fundamentar a existência da Cabala fonética,

nem referir a presença, que tem, em muitos e importantes textos poéticos de hoje.

Mas seria impertinente não facultar ao leitor um exemplo objectivo do seu funcionamento. Em França, ele é tão antigo como a Idade Média, e tão difundido, em *vis* popular, hoje como então. Serve-lhe a tabuleta estalajadeira que ostenta um leão pintado a ouro com a seguinte legenda: *Au Lion D'Or*. Diz-se: *Au lion d'or* e lê-se: *au lit on dort*. Um prudente preceito, magicamente introduzido na cabeça do viandante. No século passado, num movimento a que decerto não é estranha a voga e a geral publicação dos segredos mantidos pelos magos e pelos ocultistas do Ocidente, instala-se na literatura profana, extravagante, o uso sistemático (Jean-Paul Brisset) deste arcabuz maçónico, que constantemente ameaça disparar-se sozinho contra todas as convenções da palavra escrita. Verbo mercurial que rouba à linguagem o que devolve à língua, assenta no princípio cabalístico da magia, negra ou branca, a que fazem não pequena chamada o primeiro romantismo alemão (Hölderlin, Novalis, Kleist, Arnim) e o romantismo francês com Baudelaire, Nerval, depois Alfred Jarry, Rimbaud, Lautréamont, depois Marcel Duchamp, Breton, Péret, Fourré. Numa tradução, leva-nos a distinguir fortemente *língua* (francesa, neste caso) e *linguagem*, poética, universal, também neste caso. O resultado será sempre aproximativo, experimental. A palavra, depois de destruída duas vezes — na extrapolação e na primeira tradução — é reconduzida à constelação mítica a que pertence mesmo quando afirme o oposto da expressão inicial:

Elle est retrouvée	Elle erre. Trouvez
Au soleil	Eau sol œil

PÁG. 146

(*A quatre heures du matin, l'été...*)

Há uma variante intitulada *Bonne Pensée du Matin* e datada de Maio, 1872.

PÁG. 150

(*Qu'il vienne, qu'il vienne...*)

Há uma variante, intitulada *Éternité* e datada de Maio, 1872.

PÁG. 152

(*Si j'ai du goût, ce n'est guère...*)

Há uma variante intitulada *Fêtes de la Faim* e datada de Agosto, 1872.

PÁG. 156

(*O saisons, ô châteaux...*)

Há uma variante, sem título, datada de Maio de 1872.

«Alguns exegetas viram nos termos ‹*saison*› e ‹*château*› um sentido metafísico e esotérico. ‹*Saison*› é a cerveja à moda de Charleville, ‹*château*› alude a uma rua especialmente hospitaleira. O poema assume, assim, um significado mais directo: ‹Ó cerveja, ó Rua das Putas / que alma há sem defeito?›», Robert Goffin, introdução à recolha *Obras de Jean-Arthur Rimbaud*, Montreal, 1943. Aceita-se e incorre-se nesta contribuição de R. Goffin, não porque o de resto regular poeta belga deva ser tomado como dos mais sólidos comentaristas de Rimbaud, mas porque esta sua constatação, colhida *in loco*, é indiscutível matéria de serviço.

PÁG. 168

(*...toujours mes yeux las se réveillent à l'étoile d'argent, toujours, sans que s'émeuvent les Rois de la vie...*)

Rimbaud refere claramente a sua dissociação do princípio ternário da vida, da rosa mística, una e tripla, dos textos esotéricos, de que o «Pai, Filho e Espírito Santo» do mistério católico é assaz evidente apropriação. Um dos primeiros enunciados da tríade de que Rimbaud se afirma expulso, vem nos Ensinamentos de Krisna, interpolados no *Mahabhárata*: «O homem é triplo, como a divindade que reflecte: inteligência, alma e corpo. Se a alma se une à inteligência, atinge *Satwa*, a sabedoria e a paz; se permanece oscilando entre a inteligência e o corpo, é dominada por *Raja*, a paixão, e anda de objecto em objecto, num círculo fatal; se se abandona ao corpo, cai no *Tama*, a desrazão, a ignorância e a morte temporária.»

Platão, outro iniciado, usaria a mesma linguagem.

PÁG. 170

(*J'ai essayé d'inventer de nouvelles fleurs, de nouveaux astres, de nouvelles chairs, de nouvelles langues.*)

«(...) O Poeta faz-se vidente por um longo, imenso e disciplinado *desregramento de todos os sentidos*. Todas as formas de amor, de sofrimento, de loucura; ele próprio procura, esgota em si mesmo todos os venenos, guardando unicamente as quinta-essências. Inefável tortura em que necessita da maior fé, de toda a força sobre-humana, e em que se torna, entre todos, o grande doente, o grande criminoso, o grande maldito — e o supremo Sábio! Pois ele vai até ao *desconhecido*. Pois cultivou a sua alma, já rica, mais do que nenhum outro. Vai até ao desconhecido e ainda que, desvairado, acabe por perder a inteligência das suas visões, ele viu-as! Que ele rebente nas suas incursões através do

incrível e do inominado: virão outros horríveis trabalhadores; começarão pelos horizontes onde o outro tombou! (...) Portanto, o poeta é realmente ladrão de Fogo. É um delegado da humanidade, e, mesmo, dos *animais*; deverá fazer sentir, palpar, ouvir as suas invenções; se o que traz do ignoto tem forma, dá-lhe forma; se é informe, dá o informe. Encontrar uma linguagem. — De resto, sendo ideia toda a palavra, o tempo duma língua universal chegará. É preciso ser-se académico — estar mais morto que um fóssil — para elaborar um dicionário seja de que língua for. Os fracos de espírito que se deitassem *a pensar* na primeira letra do alfabeto, deslizariam velozmente até à loucura! (...) Esta língua será da alma para a alma, resumindo tudo, perfumes, sons, cores, resolvendo em pensamento o pensamento, e continuando. O poeta definirá a quantidade de desconhecido conseguida ao tempo na alma universal: dará mais — do que a fórmula do seu pensamento, do que a anotação *da sua marcha para o Progresso*! Enormidade transformada em norma, absorvida por todos, o poeta será verdadeiramente um *multiplicador de progresso*! / Este futuro será materialista, como vedes. — Sempre repletos pelo *Número* e pela *Harmonia*, estes poemas serão feitos para ficar. No fundo, será ainda um pouco a Poesia grega. / A arte imorredoira terá as suas funções, como os poetas são cidadãos. A Poesia não mais ritmará a acção: *caminhará adiante dela*. (...) Musset é catorze vezes execrável para nós, gerações doloridas e assaltadas por visões — que a sua indolência de serafim insultou! ó *Noites*, ó *Rolla*, ó *Namouna*, ó a *Taça*! é tudo francês, isto é, odioso, no mais alto grau; francês, não parisiense! (...) Saborear-se-á durante muito tempo a poesia *francesa*, mas em França.» Rimbaud, carta a Paul Demeny, de 15 de Maio de 1871, dita *Carta do Vidente*.

PÁG. 177

(«*Tu es du même sang que moi; crois-tu, dis, crois-tu?*»)

A carta que citamos da correspondência de Isabel Rimbaud seria a primeira de uma série de tentativas da irmã do poeta, mais tarde também com Paterne Berrichon, para a piedosa falsificação da obra e da figura do irmão.

NOTA DO TRADUTOR

Nas traduções, de um modo geral, acho que devemos tentar merecer, entender e aplicar, as palavras de Novalis:... «Uma tradução pode ser literal, livre ou mítica. As traduções míticas são o estilo supremo da tradução. Representam a obra de arte individual no seu carácter puro e total. Dão-nos, não a obra de arte ela-própria, mas a sua transcrição ideal. (...) As traduções literais exigem muito saber mas valem-se de um talento puramente discursivo.

«As traduções livres, se se pretendem válidas, exigem o mais elevado espírito poético. (...) O verdadeiro tradutor neste género deve ser ele mesmo um artista e dar uma ideia do conjunto por tal ou tal processo à sua escolha. É necessário que seja o poeta do seu poeta»...

É de 1946 a edição original do texto em que me baseei, estabelecido por R. de Renéville e J. Mouquet para a «Bibliothéque de La Pléiade», na casa Gallimard. De 1949 a publicação na *Mercure de France* da versão crítica de H. Bouillane de Lacoste das *Illuminations, Painted Plates*, versão que pretende fazer admitir a anterioridade da composição de *Une Saison* sobre a das *Illuminations*. O seco ramo de hipóteses apresentado por Lacoste com entusiasmo que não consegui partilhar, o seu contínuo «pressuposto formal» numa matéria em que só rigorosas prova e contraprova teriam força de lei — de lei que trata de destruir Rimbaud des-significando *Une Saison*, e o resto — ajudaram-me mais a traduzir esta obra como está certo nela.

RECTIFICAÇÃO E DUAS NOTAS PARÁGRAFAS

—

À PRIMEIRA EDIÇÃO DAS
ILUMINAÇÕES
E SEGUNDA DE
UMA CERVEJA NO INFERNO
EDITORIAL ESTÚDIOS COR
LISBOA, 1972.
ADENDA À PRESENTE EDIÇÃO.

Ao contrário ou no prolongamento do que escrevi em 1960, acho hoje preferível não tomar posição na querela que tenta determinar uma certeza para a anterioridade das «Iluminações» sobre os textos de «Uma Cerveja no Inferno». Bouillane de Lacoste abalou gente, em 1949, com a prova grafológica, julgada forte, em que demonstra que a letra de Rimbaud no manuscrito das «Illuminations» acusa evolução nitidamente posterior à dos textos escritos até 1873, ano da redacção de «Une Saison en Enfer». Tal descoberta, junta ao mérito indiscutível de ter-se procedido pela primeira vez a uma análise exaustiva do manuscrito das «Iluminações», dando-se destas a primeira edição capazmente crítica, caiu porém pela base ante a objecção de que tratava cópias dos originais, possivelmente reunidas por solicitação de Germain Nouveau, na época em que ambos os poetas estiveram em Londres, já depois da «temporada» Rimbaud-Verlaine naquela cidade. (Há poemas das «Iluminações» cujo único manuscrito original disponível é escrito com a letra de Nouveau). É possível que, durante a copiação, Rimbaud tivesse acrescentado um que outro poema. Abandonar a literatura não significa sempre deixar de escrever.

Outro impossível será determinar a ordem de sucessão, manuscrito ou letra impressa, das «Iluminações». Esta é, em absoluto, qualquer, pois as cópias estão em folhas não numeradas, limitando-se críticos e editores a mais ou menos seguir a inspiração das primeiras publicações.

Fora do terreno dos que investigam, discutem e assentam, acontece que a lógica, aqui por acaso não louca, que preside à elaboração dos dois poemas nos leva a considerar as «Iluminações» indispensavelmente anteriores ao relato infernal de «Une Saison». Ainda que este tivesse sido real e efectivamente escrito *antes*, continuaria a ser escrito *depois*, do mesmo modo com que muito texto produzido hoje permanece anterior a muita coisa escrita há duzentos anos.

O presente texto das «Iluminações», como o dos Estúdios Cor em 72, segue a ordem de sucessão escolhida por Bouillane de Lacoste para a edição crítica já acima citada, não coincidente com a das «Oeuvres Complètes» na «Bibliothèque de La Pléiade» da Livraria Gallimard.

ILLUMINATIONS

ILUMINAÇÕES

UNE SAISON EN ENFER

UMA CERVEJA NO INFERNO

APRESENTAÇÃO,
APÊNDICE,
NOTAS AO TEXTO E
NOTA DO TRADUTOR

Iluminações | Uma Cerveja no Inferno
Illuminations | Une Saison en Enfer
Jean-Arthur Rimbaud
Tradução de Mário Cesariny

Publicado em Portugal por Assírio & Alvim

Na p. 5: Rimbaud no terração de casa, Harar, 1884.

Para a edição deste livro, seguimos a 5ª edição portuguesa publicada em 2017 pela Assírio & Alvim. Mantivemos a ortografia, a tabulação e demais elementos da edição referida.

Coordenação editorial
Júlia de Carvalho Hansen
Luísa Rabello
Maria Carolina Fenati

Revisão
Lívia Cristina Gomes

Projeto gráfico
Rafael Camisassa

Edições Chão da Feira
www.chaodafeira.com | chao@chaodafeira.com

Obra apoiada pela Direção-Geral do Livro, dos Arquivos e das Bibliotecas/ Portugal.

REPÚBLICA PORTUGUESA
CULTURA
DIREÇÃO-GERAL DO LIVRO, DOS ARQUIVOS E DAS BIBLIOTECAS

Dados Internacionais de Catalogação na Publicação (CIP)
Cibele Maria Dias – Bibliotecária – CRB-8/9427

Rimbaud, Jean-Arthur, 1854-1891
Iluminações : uma cerveja no inferno /
Jean-Arthur Rimbaud ; tradução de Mário Cesariny. —
Belo Horizonte : Chão da Feira, 2021.

Título original: Illuminations : une saison en enfer
ISBN 978-65-991448-1-3

1. Poesia francesa I. Título.
21-55387
CDD-841

1. Poesia : Literatura francesa 841

Composto em Caecilia e impresso na gráfica Formato
Belo Horizonte, 2021